Frau Brauer

GOTTESERFAHRUNG
UND WEG IN DIE WELT

Teresa von Avila

HERAUSGEGEBEN, EINGELEITET
UND ÜBERSETZT VON ULRICH DOBHAN

WALTER-VERLAG
OLTEN UND FREIBURG IM BREISGAU

2. Auflage 1982

Alle Rechte vorbehalten
© Walter-Verlag AG, Olten
Gesamtherstellung in den grafischen Betrieben
des Walter-Verlags
Printed in Switzerland

ISBN 3-530-87890-1

INHALTSVERZEICHNIS

Vorwort

7

Einführung

9

Der Mensch erfährt seine Begrenztheit

44

Der Mensch erfährt Gott

84

Gotteserfahrung und Mensch-Sein

144

Gotteserfahrung und Leben in der Welt

184

Anhang

Schlüssel der zitierten Werke

207

Quellennachweis

207

Literaturhinweise

208

Lebenstafel

209

Anmerkungen

210

A. Mager OSB, der Wegbereiter eines Neuaufbruches der Mystik nach dem ersten Weltkrieg: «Die entscheidende Tat zur Ausübung einer allen Anforderungen wissenschaftlicher Psychologie genügenden Selbstbeobachtung im mystischen Erleben vollzog die genialste Persönlichkeit der christlichen Mystik, die hl. Theresia. Sie bildet in Wirklichkeit einen, um nicht zu sagen, den Markstein in der Geschichte der Mystik».[3] Oder das Zeugnis eines Fachmannes von heute: «Teresa repräsentiert einen neuen Geist. Es ist erstaunlich, in welch klassischer Vollendung dieses neue Anliegen mit ihr in die Geschichte eintritt. Sie erzählt ihr Leben mit Gott aus einer psychologischen Innensicht heraus. An die Stelle objektiv vorgegebener Räume drängt sich das Kriterium eigener Erfahrung».[4] In der heutigen Meditationsbewegung mit ihrem Hang nach dem Osten ist Teresa mit Recht zu einer Art Kriterium für die Echtheit christlicher Frömmigkeit und Mystik geworden[5], und selbst in der protestantischen Mystikdiskussion unserer Zeit gilt sie als Maßstab. So schreibt F.-D. Maaß in der abschließenden Kritik der Auseinandersetzungen über Mystik in der evangelischen Theologie nach dem ersten Weltkrieg: «An der christlichen Mystik in ihrer Gesamtheit müßte sich eine christliche Theologie orientieren. Das Schrifttum der heiligen Theresia wäre besonders zu berücksichtigen gewesen. Doch es fand nicht einmal Erwähnung».[6]

Neben der Eigenschaft Teresas als Künderin einer Freundschaft, die dem weithin heimatlosen Menschen von heute Geborgenheit und Zuhause geben kann, und die nicht bei einer erbaulich frommen Freundschaft mit Gott in gewissen «Seelengärtlein» der Vergangenheit stehen bleibt, sondern zur Freundschaft mit den Menschen und der Welt drängt, wirkt dieser Hinweis auf die Aktualität Teresas in Fachkreisen der Mystik geradezu als überflüssig. Freilich nur so lange, als man sich unter Mystik etwas Weltfremdes, Geheimnisvolles, Esoterisches vorstellt, was es aber gerade nach Ausweis der «genialsten Persönlichkeit der christlichen Mystik» eben nicht ist. So bedarf es sicher keiner weiteren Rechtfertigung für die Aufnahme Teresas in die Reihe «Mystische Texte der Gotteserfahrung». Ihre Schriften, die abgesehen von einigen Briefen und kleineren Werken alle noch in den Autographen vorliegen, tragen das ihre dazu bei: Sie wirken so unmittelbar, so spontan und frisch, daß man sich ihrem Zauber nicht entziehen kann. Überall kann man das Bemühen der Verfasserin um Ehrlichkeit herausspüren – in ihrer Freundschaft mit Gott, den Menschen, zur Welt und vor allem sich selbst gegenüber –, so daß sie ohne jede «Interpretation» verständlich ist, auch noch nach 400 Jahren, wenn man von einigen zeitgebundenen Ausdrucksweisen und Vorstellungen absieht. Ihr Ringen um die rechte Art der Selbstverwirklichung, das Grundanliegen jedes Menschen, tritt klar und unmittelbar zutage.

*

Teresa de Ahumada ist am 28. März 1515 in Avila in Kastilien, dem Herzland Spaniens, geboren und ist damit Zeitgenossin großer Persönlichkeiten innerhalb und außerhalb ihres Heimatlandes: Von 1474 bis 1516 war Ferdinand V. zusammen mit seiner Gemahlin Isabella, die beide den Beinamen «die Katholischen» führen, König von Spanien. Unter ihrer Regierungszeit wurden 1480 die ersten Inquisitoren ernannt, womit die spanische Inquisition zu «funktionieren» begann; 1492 wurde Granada, letztes Bollwerk einer 700jährigen Herrschaft der Mauren in Spanien, erobert; im gleichen Jahr wurden die Juden vor die Wahl gestellt, entweder zu konvertieren oder das Land zu verlassen; ebenfalls 1492 entdeckte Christoph Columbus Amerika; 1495 wurde der Franziskaner Francisco Jiménez de Cisneros, die Verkörperung des Reformwillens einer ganzen Nation, Erzbischof von Toledo und Primas aller Reiche der spanischen Krone; 1502 wurden die Muslim des Landes verwiesen, womit die religiöse und 1512 durch die Eroberung Navarras auch die nationale Einheit des Landes hergestellt wird.

Wichtige Daten nach der Geburt Teresas sind der Tod Ferdinands des Katholischen 1516, die Nachfolge seines Enkels Karls I. zum König von Spanien, der ab 1519 als Karl V. auch deutscher Kaiser ist; 1525 das Edikt der Inquisition gegen die Alumbrados von Toledo; 1534 die Gründung der Gesellschaft Jesu; 1556 Abdankung Karls V., dem Philipp II. als König der spanischen Reiche folgt; 1571 Seesieg Don Juans de Austria über die Türken bei Lepanto; 1588, sechs Jahre nach Teresas Tod, die Niederlage der spanischen Armada gegen England; der allmähliche Abstieg Spaniens beginnt.

Wichtige Ereignisse außerhalb des spanischen Machtbereiches in dieser Zeit sind: Girolamo Savonarola in Florenz (1452–1498), 1517 Thesenanschlag Luthers, 1527 «Sacco di Roma» durch die kaiserlichen Truppen, 1530 Reichstag zu Augsburg, 1541 Reformation des Johann Calvin in Genf, 1545–1563 Konzil von Trient, 1555 Augsburger Religionsfriede («cuius regio eius religio»), 1558–1603 Elisabeth I. von England, 1562–1598 Hugenottenkriege in Frankreich.

Ohne Anspruch auf Vollständigkeit zu erheben, zeigt diese abrißartige Aufzählung doch schlaglichtartig, wie bewegt die Zeit Teresas war, und zwar nicht nur auf politisch-gesellschaftlichem, sondern auch auf religiös-spirituellem Gebiet. Um Teresas Schriften und ihre gesamte Persönlichkeit einigermaßen verstehen zu können, muß man diese Zeit mit ihren Konflikten, geistlichen Strömungen und Entwicklungen vor Augen haben.

Teresas Frömmigkeit war in ihrer Kindheit sehr von endzeitlichen Gedanken und Vorstellungen geprägt. Quelle und Ursprung war das Vorbild eines überdurchschnittlich religiös veranlagten und praktizierenden Vaters, «eines Mannes von großer Liebe zu den Armen und Mitgefühl mit den Kranken und sogar mit den Bediensteten», und einer Mutter, «die auch viele Tugenden hatte und trotz ihrer großen Schönheit niemals darauf aus war, einen Anlaß zu geben, um von sich reden zu machen» (V 1,2.3).

Teresa begeisterte sich am Leben der Heiligen, wollte Märtyrerin werden «und wünschte sehr, so zu sterben, nicht aus Liebe zu Gott, die ich verspürt hätte, sondern um schnell in den Genuß großer Güter zu kommen, die es, wie ich gelesen hatte, im Himmel gab». Sie machte sich eines Tages mit ihrem Lieblingsbruder auf den Weg ins Land der Mauren, «um diese zu bitten, uns aus Liebe zu Gott dort die Köpfe abzuschlagen». Als das nicht ging und «ich sah, daß es unmöglich war, dorthin zu gehen, wo sie uns aus Liebe zu Gott umbringen, beschlossen wir, Einsiedler zu werden. Und in einem Garten, der zum Haus gehörte, versuchten wir, so gut wir konnten, Eremitenzellen zu bauen, indem wir einige Steine aufeinanderschichteten, die aber dann wieder einstürzten». Teresa gab Almosen, wo sie konnte, und suchte die Einsamkeit auf, um dort zu beten: «Es beeindruckte uns sehr, wenn wir uns vor Augen hielten, daß Strafe und Herrlichkeit, worüber wir in den Büchern lasen, für immer andauern sollten. Manchmal verbrachten wir lange Zeit mit Gesprächen darüber und fanden Gefallen daran, immer wieder vor uns herzusagen: für immer, für immer ... Es gefiel mir auch, mit meinen Spielgefährten ‹Kloster› zu spielen, so als ob wir Nonnen wären. Ich meine, daß ich es damals auch werden wollte» (V 1,5.6).

Es ist ganz klar, auf was es Teresa in ihrer Kindheit in erster Linie ankam; diese Aussagen gewinnen an Bedeutung, wenn wir bedenken, daß sie sie im Alter von etwa 50 Jahren niederschrieb: «Sicher und möglichst schnell in den Himmel zu kommen», und zwar nicht aus Liebe zu Gott, sondern um sicher zu sein und sich zu retten. Die Mitmenschen spielen dabei kaum eine Rolle, vielleicht nur insofern, als sie mithelfen sollen, die kindlichen Wünsche zu verwirklichen. Gott ist eigentlich nur interessant und erstrebenswert für sie, als er der Inbegriff «so großer Güter war, die es, wie ich gelesen hatte, im Himmel gab.»

Möglicherweise erklärt sich diese vom Blick auf das Ende geprägte Frömmigkeit wenigstens teilweise durch die Abstammung Teresas aus einer Familie von bekehrten Juden, den sogenannten Conversos. Ihr Großvater väterlicherseits hatte erst 1485 konvertiert, und ein gewisser Hang zu Innerlichkeit und Weltverachtung ist der Converso-Frömmigkeit dieser Zeit eigen. Als geradezu typisches Beispiel dafür könnte man Teresas Onkel, Don Pedro Sánchez de Cepeda ansehen, «dessen Beschäftigung im Lesen guter Bücher bestand, und dessen Sprechen normalerweise über Gott und die Nichtigkeit der Welt ging» (V 3,4). Auch Teresas Vater könnte in diesem Licht gesehen werden; sie stellt ihn selbst als Freund guter Bücher vor, und er äußerte sich auf dem Sterbebett, daß es ihm recht gewesen wäre, im strengsten Orden gelebt zu haben.

Wenn wir diese Einflüsse auch nicht übertreiben dürfen, so sind sie andererseits doch nicht ganz von der Hand zu weisen. Typisch für die spätere Spiritualität Teresas wurde diese Art von Frömmigkeit nicht. Sie trat zwar noch aus purer Heilsangst ins Kloster ein, änderte aber später ihre ganze Frömmigkeitshaltung. Über die Klostergedanken schreibt sie: «Diese guten Gedanken, ins Kloster zu gehen, kamen und gingen, doch ich konnte mich noch nicht dazu entschließen.» Nach der Begegnung mit dem erwähnten Onkel Pedro war ihr aufgegangen, «daß alles nichts und die Welt Eitelkeit sei, und wie sie in kurzer Zeit vergeht, und ich begann zu fürchten, daß ich in die Hölle gekommen wäre, wenn ich gestorben wäre. Und wenn ich mich auch noch nicht ganz durchgerungen hatte, ins Kloster zu gehen, so sah ich doch, daß das der beste und sicherste Stand sei; und so entschloß ich mich nach und nach dazu, mich zum Eintritt zu zwingen», und zwar mit folgender Argumentation: «Die Leiden und Entbehrungen eines Lebens im Kloster konnten nicht größer sein als die des Fegfeuers; da ich aber die Hölle verdient hatte, bedeutete es nicht viel, dort wie in einem Fegefeuer zu leben, da ich ja nachher direkt in den Himmel kommen würde, was ja mein Wunsch war. Bei diesen Überlegungen, ins Kloster zu gehen, bestimmte mich meiner Meinung nach mehr knechtische Furcht als Liebe» (V 3,2–6). So brauchen wir uns dann nicht zu wundern, wenn sie über den Eintritt selbst schreibt: «Ich erinnere mich noch ganz gut und sage das ganz ehrlich, daß es mir damals, als ich aus dem Haus

17

meines Vaters wegging, zu Mute war als müßte ich sterben, denn ich glaubte, alle meine Knochen würden auseinanderfallen. Da ich noch keine Liebe zu Gott hatte, welche die Liebe zum Vater und den Verwandten aufgehoben hätte, mußte ich mir so große Gewalt antun, daß alle meine Überlegungen nicht weitergeholfen hätten, wenn mir nicht der Herr zur Seite gestanden wäre. Hier gab er mir gegen mich selber Mut, so daß ich meinen Entschluß ausführte» (V 4,1). Teresa trat am 2. November 1535 ins Karmelitinnenkloster Encarnación in Avila ein, wo sie genau ein Jahr später eingekleidet wurde und am 3. November 1537 Profeß ablegte.

Im Lauf der Jahre wandelte sich Teresas Frömmigkeit. Sicher trug dazu ihre starke soziale Veranlagung bei, die sie zu den Menschen drängte. Sie berichtet selbst: «Ich war der Liebling meines Vaters» (V 1,4; 3,7); «wir (Teresa und ihre Vettern) waren immer zusammen, und sie hingen sehr an mir». Bei den Augustinerinnen, wohin Teresa im Alter von 16 Jahren kam, «meinten es alle gut mit mir, denn Gott hatte mir die Fähigkeit gegeben, auf meine Mitmenschen sympathisch zu wirken, und so war ich bei allen beliebt» (V 2,8).

Doch dieser Drang zu den Menschen war ihr zunächst eher ein Hindernis auf ihrem Weg zu Gott. Fast 20 Jahre zog sich Teresas Kampf zwischen ihren «Anhänglichkeiten» und Gott mit vielen Stürzen und Aufstehen hin, «einem schlechten Aufstehen, da ich wieder fiel, denn weder erfreute ich mich Gottes, noch fand ich in der Welt meine Befriedigung. Wenn ich mich mit der Welt abgab und dabei daran dachte, was ich Gott schuldete, so geschah das wieder mit Gewissensbissen; wenn ich bei Gott weilte, bedrängte mich die Anhänglichkeit an die Welt» (V 8,2).

Diese Jahre des Ringens endeten 1554 mit ihrer endgültigen «Bekehrung» vor dem Bild des Schmerzensmannes.
Damit hat sich aber auch im gesamten geistlichen Leben
Teresas, vor allem auch in ihrem Gottesbild, eine entscheidende Änderung vollzogen. Gott ist nicht mehr der, vor
dem sie Angst haben muß. Sie verliert jene «knechtische
Furcht», die sie einst ins Kloster getrieben hatte, um sich
zu retten. Nun kann sie Gott als Freund bezeichnen, und
das innere Beten ist nichts anderes «als ein Gespräch mit
einem Freund, mit dem wir oft und gern allein zusammenkommen, um mit ihm zu reden, weil wir sicher sind,
daß er uns liebt» (V 8,5).
Ihre durch fromme und gute Eltern begründete Frömmigkeit, die zunächst betont endzeitlich ausgerichtet war
und sie aus «knechtischer Furcht» vor dem ewigen Verderben ins Kloster als dem sichersten und besten Stand
eintreten ließ, war in eine völlige Auslieferung an Gott
eingemündet. Ihre schon erwähnte soziale Veranlagung
und ihre ausgeprägte Sensibilität, die sich vor allem im
Mitleiden, in der Teilnahme am Leid der anderen, zeigte,
mögen auch hier wieder mitgewirkt haben.
Wichtig ist auch, daß Teresa während all der Jahre ihres
Ringens immer wieder den Austausch und das Gespräch
mit geistlichen Menschen suchte, von denen sie sich Rat
und Hilfe erhoffte. Sie tat es auch dann noch, als sie mehr
als einmal Mißerfolg dabei gehabt hatte, und unterbreitete
ihr geistliches Leben und Streben mit einer unglaublichen
Offenheit und Ehrlichkeit anderen Menschen. Auch hier
mag der zeitbedingte Umstand mitgespielt haben, daß
mystisch veranlagte oder sich als solche gebärdende
Frauen den Inquisitionsbehörden schnell verdächtig waren, besonders wenn sie sich lange dem inneren Gebet

widmeten und äußere Zeichen der Frömmigkeit nicht sehr hoch schätzten. Sie wurden leicht den Alumbrados zugezählt, jenem Konglomerat verschiedener Manifestationen spirituellen Lebens zu Beginn des 16. Jahrhunderts in Spanien, die vom spanischen Humanismus (der teilweise unter dem Einfluß des Erasmus von Rotterdam und der Devotio moderna stand) inspiriert, besonderen Wert auf ein nach einer bestimmten Methode praktiziertes betrachtendes Gebet legten, spirituelle Äußerungen, die jedoch allzu leicht in die Heterodoxie abglitten. Teresa wußte von diesen Gefahren und suchte sich deswegen bei erfahrenen und bewährten geistlichen Personen Rat.

Darüber hinaus hatte sie es als Frau schwer; allgemein herrschte in der Männerwelt Spaniens ein starker Antifeminismus, vielleicht durch die fast 700jährige Vorherrschaft des Islams verständlich.

Die Theologen trumpften in dieser Hinsicht besonders auf, womit sie über die muselmanische Tradition hinaus auch ganz in der kirchlichen standen. Auch das wußte Teresa, denn sie schreibt, daß die Zeiten für die Frauen, besonders für die frommen unter ihnen, wirklich «hart» sind (V 33,5), da «es für die Richter dieser Welt, weil sie Söhne Adams und schließlich lauter Männer sind, auch nicht eine Tugend einer Frau gibt, die sie nicht für verdächtig hielten» (CE 4,1).

Doch mögen ihr diese gewiß ungünstigen und nach unserem heutigen Empfinden teilweise unglaublichen Umstände geholfen, ja sie geradezu angetrieben haben, immer wieder die Konfrontation mit anderen Menschen zu suchen. Über diese Zeit ihres Ringens kann sie schreiben: «Ich wünschte, wir fünf, die wir uns jetzt in Christus lieben, kämen miteinander dahin überein, uns dann und wann zu treffen, um uns gegenseitig unsere Illusionen zu nehmen und einander zu sagen, worin wir uns bessern und Gott mehr gefallen könnten, da sich ja auch andere in diesen Zeiten gegen Seine Majestät zusammengetan haben, um Schlechtigkeiten und Häresien auszudenken; denn niemand kennt sich so gut wie die, welche immer um uns herum sind, wenn es mit Liebe und der Absicht geschieht, uns von Nutzen zu sein» (V 17,7). In die gleiche Richtung weist ihr Rat, einen geistlichen Gedankenaustausch mit anderen zu pflegen: «Sehr schlimm ist es für eine Seele, wenn sie in so vielen Gefahren allein ist. Wenn ich jemand gehabt hätte, mit dem ich über all das hätte reden können, so meine ich, hätte mir das geholfen, nicht immer wieder erneut zu fallen, und wenn es schon deswegen gewesen wäre, weil ich mich vor ihnen geschämt hätte, da ich vor Gott noch keine Scheu hatte. Deswegen möchte ich allen, die das innerliche Gebet pflegen, empfehlen, die Freundschaft und Aussprache mit anderen Menschen zu suchen, die das gleiche Anliegen haben. Das ist eine ganz wichtige Sache, auch wenn sie zu nichts anderem nützte, als daß sie sich mit Gebeten gegenseitig unterstützten, um wieviel mehr noch, wenn sie noch größeren Gewinn haben. Wenn man schon im Umgang mit den Menschen und aus menschlichen Rücksichten, die sicher nicht immer die besten sind, sich Freunde zu verschaffen sucht, um bei ihnen zu sein und sich mit ihnen beim Erzählen über jene nichtigen Angelegenheiten zu erfreuen, so weiß ich nicht, warum es einem, der Gott aufrichtig zu lieben und ihm zu dienen beginnt, nicht erlaubt sein soll, mit anderen über seine Freuden und Trübsale zu sprechen, wie sie die haben, die das innerliche Gebet pflegen» (V 7,20).

Diese Bereitschaft Teresas zum Gespräch mit anderen

gleichgesinnten Menschen, die ständige Unsicherheit, die sie aufgrund ihrer reichen geistlichen Erfahrung verspürte, und die Gefahren, die ihr als einer mystisch veranlagten Frau damals von seiten der kirchlichen Obrigkeit drohten, verhalfen ihr zu mehr Objektivität und Gewißheit in ihrem geistlichen Leben. Sie bewahrten sie zugleich davor, ihren Weg zu Gott allein zu gehen und einem religiösen Subjektivismus zu verfallen.

Die christliche Tugend, der ein solches Verhalten entspricht, ist die Demut, in der Terminologie Teresas «der Wandel in Wahrheit». Das bedeutet Anerkennung der menschlichen Realität, Anerkennung, was der Mensch vor Gott ist. Es bedeutet, ihm das zuzuweisen, was ihm gehört und den einzelnen auf seine Grenzen zu verweisen. Wir können verstehen, wenn Teresa in dieser Demut die Grundlage des geistlichen Lebens sieht und meint, daß dieses Leben in dem Maße wächst, als die Demut zunimmt. Auf dem Weg dieser Tugend fand Teresa den gnädigen Gott, den sie vor allem als Freund sah; er blieb trotz allem der ganz andere, Allmächtige, Transzendente, «Seine Majestät». Was nützte ihr auch ein noch so guter Freund, wenn er nicht allmächtig ist, was wäre ihr geholfen mit einem allmächtigen, transzendenten Gott, den sie nicht ihren Freund nennen könnte?

Von großer Bedeutung bei dieser Suche nach Gott mag ihre sehr persönliche Art zu beten gewesen sein. Damit hätten wir einen dritten bedeutsamen Punkt ihrer Spiritualität genannt, neben ihrer sozialen Veranlagung, zusammen mit ihrer Gabe, auf andere sympathisch zu wirken, und ihrem Bestreben, sich anderen gegenüber immer wieder Rechenschaft über ihr geistliches Leben abzulegen. Die dritte Eigenart ihrer Spiritualität ist ihre Verehrung

Jesu Christi. Sie wird durch ihre Art zu beten deutlich, «mir Jesus Christus ganz lebhaft vorzustellen» (V 4,8): «Mein ganzes Leben hindurch hatte ich immer eine große Verehrung zu Christus, und so kehrte ich immer wieder zu meiner Gewohnheit zurück, mich dieses Herrn zu erfreuen, besonders wenn ich kommunizierte. Ich möchte vor meinen Augen immer sein Bild haben, wenn ich es schon nicht so, wie ich wünschte, meiner Seele einprägen kann» (V 22,4).

In dieser Art zu beten war Teresa gewiß durch geistliche Lehrmeister ihrer Zeit beeinflußt, so besonders durch den Franziskaner Francisco de Osuna, der ihr durch sein Buch «Tercer abecedario espiritual», das sie zum ersten Mal bei ihrem frommen Onkel Pedro gelesen hatte, zu einem systematischeren Vorgehen beim Beten verhalf und sie mit dem damals die Frömmigkeit weithin bestimmenden «Weg der Sammlung» (via del recogimiento) bekanntmachte. Zu ihren weiteren Lehrmeistern aus dem Franziskanerorden gehörten Bernardino de Laredo mit seiner «Subida del monte Sión» und der hl. Pedro de Alcántara mit der ihm oder Luis de Granada OP zugeschriebenen Schrift «Tratado de la oración y meditación»; doch übte Pedro vor allem durch sein Beispiel als Asket und Vertreter einer radikalen franziskanischen Armut Einfluß auf Teresa aus.

Die Heilige aus Avila reagierte jedoch nicht nur auf ihre Zeit und die damaligen Probleme, sondern sie handelte weithin selbständig. In ihrer Verehrung der Menschheit Christi unterschied sie sich deutlich von ihren Lehrmeistern, überhaupt von einer damals allgemein herrschenden Meinung, nach der der geistlich lebende Mensch im erhabenen mystischen Stadium sich nicht mehr der Betrachtung der Menschheit Christi hingeben dürfe. Teresa vertrat eine mehr am Menschlichen orientierte Spiritualität: «Ist es möglich, Herr, daß mir auch nur eine Stunde der Gedanke gekommen wäre, Du könntest mir auf dem Weg zu einem höheren Gut hinderlich sein? Woher wäre mir denn alles Gute gekommen, wenn nicht von Dir? Ich sehe es deutlich und sah es nachher noch deutlicher: Um Gott zu gefallen und große Gnaden von ihm zu erlangen, will er, daß es durch die Hände dieser heiligsten Menschheit geschehe, deren, wie er sagte, Seine Majestät sich erfreut. Ganz, ganz oft habe ich in dieser Hinsicht meine eigene Erfahrung gemacht, und der Herr hat mir es auch gesagt. Der Verzicht auf das Leibliche mag schon gut sein, sicher, weil es so viele geistliche Personen sagen. Was aber ich zu verstehen geben möchte, ist, daß in diese Überlegung die heiligste Menschheit Christi nicht einzubeziehen ist. Wir sind keine Engel, solange wir noch auf der Erde sind, das ist Unsinn, sondern normalerweise braucht der Gedanke eine Stütze» (V 22,4–10).

Teresa kannte zwar damals autoritär vorgetragene Meinungen und setzte sich mit ihnen auseinander, andererseits gelangte sie aufgrund ihrer eigenen Erfahrung zu einer anderen Einstellung. Dabei geht es nicht um ein menschenfernes, abstraktes Problem der Spiritualität oder Mystik, sondern um die Bedeutung der menschlich-natürlichen Dimension, um den Menschen. Letztlich verbirgt sich hinter der von Teresa überwundenen Auffassung eine Spiritualität, die den Menschen als Menschen nicht ernst genug nimmt, sondern ihn unter einem spirituellen Vorwand in seinen Möglichkeiten einschränkt.

Damit hätten wir eine vierte Charakteristik teresianischer Spiritualität genannt, die Bedeutung des Menschen wie allgemein der gesamten menschlichen Dimension. Auch hier mag Teresas Begabung, «auf andere sympathisch zu wirken», mitgespielt haben, aber in seinem Kern ist dieses radikale Ernstnehmen des Menschen und seiner Fähigkeiten eine Frucht ihrer intensiven Gotteserfahrung, eine Frucht der Mystik. In diesem Leben mit Gott geht der Mensch nicht unter, er wird nicht überflüssig, sondern «er muß tun, was in ihm ist»: Er muß alle seine körperlichen, intellektuellen und geistlichen Fähigkeiten einsetzen, nicht aus Furcht oder einer unabwendbaren Notwendigkeit heraus, sondern aus Liebe zu Gott, den der Mensch als Freund erlebt. Ebenso wie in einer guten Freundschaft jeder der beiden Freunde aus Zuneigung zum anderen alles tut, was in seiner Kraft steht, und nicht rechnend und berechnend vor den anderen hintritt und Forderungen stellt, sondern aus Liebe und Vertrauen zum anderen heraus handelt, muß sich in der Sicht Teresas der Mensch für seinen Freund, Gott, einsetzen. Er hat ja in Jesus Christus gezeigt, daß er ein Freund der Menschen ist.

Damit wären wir an einem entscheidenden Punkt, ja dem entscheidenden Punkt in der Spiritualität Teresas: Ihr Leben stand unter dem Zeichen der Freundschaft. Das ist ihre Sicht Gottes, des Menschen und der Welt.

Diese Freundschaft zu den Menschen lebte sie voller Lebenskraft und Intensität: gegenüber ihren Freunden und Helfern, wie ihrem geliebten Heimatbischof Don Alvaro de Mendoza, ihrem verständnisvollen geistlichen Berater Pedro de Alcántara, ihrem Ordensgeneral Giovanni Battista Rossi (Rubeo) oder ihrem «geliebten Sohn» und ersten Provinzial Jerónimo Gracián, dem sie sich durch ein besonderes Gehorsamsgelübde unterstellt hatte. Von allen ihren geistlichen Söhnen hat er am besten verstanden, bes-

ser als Johannes vom Kreuz, wie sie sich die «Unbeschuhten Karmeliten» vorstellte. Diese Freundschaft verteidigte
sie gegenüber mißtrauischen Zeitgenossen, wie dem Erzbischof von Burgos oder dem Theologieprofessor Barto-
lomé de Medina OP. Selbst angesichts menschlichen Ver-
sagens bewährte sich ihre Freundschaft zu «Versagern»:
zum armen Dorfpfarrer von Becedas, der durch den Umgang mit ihr von seinem schlechten Lebenswandel los-
kam. Eine ähnliche Haltung nahm sie gegenüber der
«Welt» ein: Sie war für sie Schöpfung Gottes, Ort der
Gotteserfahrung. Grundlage ihrer Freundschaft zu den
Menschen und zur Welt ist ihre Freundschaft mit Gott. Ihr
Verhalten zu den Menschen artete nie in Anbiederung
oder Nützlichkeitsdenken aus, ihr Umgang mit der Welt
führte auch nicht zu einem Sich-Verlieren. Je mehr ihre
Freundschaft mit Gott wuchs, desto intensiver konnte ihre
Freundschaft mit den Menschen und zur Welt werden.
Ihr Ringen um Gott begann mit der Auseinandersetzung
um die Wahl ihres Berufes und mit ihrem Eintritt ins Kloster. Es spielte sich dort 18 bis 20 Jahre lang unter teilweise
dramatischen Umständen ab und endete mit ihrer endgültigen Bekehrung 1554 in einer bedingungslosen Auslieferung an Gott, die sie unter dem Eindruck vollzog, daß «ich
zu mir überhaupt kein Vertrauen mehr hatte, sondern ich
setzte mein ganzes Vertrauen auf Gott» (V 9,3). Dieses
Ringen um Gott, das mit der uneingeschränkten Öffnung
für Gott endete, brachte sie in ein anderes Verhältnis zu ihren Mitmenschen. Zwar besaß sie die Fähigkeit, auf ihre
Mitmenschen «sympathisch zu wirken»; trotzdem sah sie
zunächst eine Gefahr, von Gott abgelenkt zu werden, wie
sie überhaupt der Welt gespalten gegenüberstand: «Wenn
ich mich mit der Welt abgab und dabei daran dachte, was

ich Gott schuldete, so geschah das wieder mit Gewissensbissen: wenn ich bei Gott weilte, bedrängte mich die Anhänglichkeit an die Welt» (V 8,2).

Die Gründung ihres ersten Klosters 1562 ist, wenn auch nicht mehr in der Durchführung, so doch noch in der Konzeption, nichts anderes als der Versuch, dieser Gefahr der Zerstreuung im geistlichen Leben abzuhelfen. Dies erhoffte sie dadurch zu erreichen, daß die neue Gemeinschaft als kleine Gruppe in möglichst großer Zurückgezogenheit lebt. So schreibt sie am 23. Dezember 1561, etwas mehr als ein Jahr nach der «Gründungssitzung» in ihrer Zelle, bei der der Vorschlag zur Gründung eines Klosters ausgesprochen wurde, an ihren Bruder Lorenzo: «Wie ich Ihnen schon ausführlich geschrieben habe, möchte ich nur sagen, daß ich nach der Meinung heiliger und gelehrter Männer verpflichtet bin, um nicht feige zu sein, zu tun, wozu ich bei diesem Werk in der Lage wäre, nämlich ein Kloster zu gründen mit nur 15 Schwestern und nicht mehr, die in größter Zurückgezogenheit leben sollen, niemals herausgehen dürfen, nichts sehen können, außer durch einen Schleier vor dem Gesicht, und sich dem Gebet und der Abtötung widmen» (Cta 2,3).

Es ist jedoch zu betonen, daß es ihr bei der Gründung nicht nur darum ging, für sich allein die Möglichkeit größerer Zurückgezogenheit zu schaffen. Dafür hätte sie sich nur in ein strengeres Kloster zurückzuziehen brauchen. Das hat sie tatsächlich auch erwogen. Sie wollte auch für andere günstige Lebensbedingungen schaffen. Es ging ihr bereits nicht mehr nur um das eigene Seelenheil wie zu Beginn ihres Ordenslebens; ihre Haltung hatte sich geweitet.

Hand in Hand mit der Vertiefung ihres Gottesverhältnisses fand ihre Öffnung zu den Mitmenschen statt. Das schien an äußeren Ereignissen zu hängen, an der Konfrontation mit der Protestantengefahr. Sicher blieben ihr die Ereignisse des Jahres 1559 nicht verborgen, als in Valladolid und Sevilla Gruppen entdeckt wurden, die mit den Protestanten sympathisierten. Das hatte ein Verbot von Büchern und Schriften in spanischer Sprache zur Folge. Als Teresa die ersten Monate des Jahres 1562 im Palast der Doña Luisa de la Cerda in Toledo weilte, hat sie erneut von den Protestanten gehört. Doch scheint sie damals noch nicht existentiell davon betroffen worden zu sein. Ihren ersten starken Niederschlag fand die Begegnung mit den Protestanten im «Weg der Vollkommenheit», dessen erste Fassung Anfang 1566 entstanden sein dürfte.

Dort schreibt sie über den Grund, der sie bewog, das Kloster in dieser Strenge zu gründen: «Am Anfang, als ich mit der Gründung dieses Klosters begann – sie geschah aus Gründen, welche in dem erwähnten Buch [ihre ‹Vida›] zusammen mit einigen Großtaten Gottes aufgezeichnet sind, durch welche er zu verstehen gab, daß ihm in diesem Haus sehr viel gedient würde –, hatte ich nicht die Absicht, es in so großer äußerlicher Strenge zu gründen. Doch als ich von den Schäden in Frankreich von seiten der Lutheraner erfuhr, und wie sehr diese unheilvolle Sekte wuchs und sich ausbreitete, traf mich das schwer, und als ob ich etwas vermochte oder gewesen wäre, weinte ich vor dem Herrn und bat ihn, diesem Übel abzuhelfen. Ich glaube, ich würde mein Leben tausendmal hingeben, um eine der vielen Seelen zu retten, die ich verlorengehen sah. Da ich aber sah, daß ich eine Frau und voller Schlechtigkeit bin, unfähig, etwas zum Dienst des Herrn beizutragen, worauf meine ganze Sorge aus war, und da ich jetzt immer noch darum bemüht bin, daß die wenigen Freunde, die er im

Gegensatz zu so vielen Feinden hat, gut seien, entschloß ich mich, das geringe, das ich vermag und in mir ist, zu tun, nämlich die evangelischen Räte mit aller mir möglichen Vollkommenheit zu halten. Auch nahm ich mir vor, daß die wenigen Schwestern hier dasselbe täten, da ich auf die große Güte des Herrn vertraue, der es nicht unterläßt, dem beizustehen, der sich um seinetwillen entschließt, alles aufzugeben. Wir alle sollten beten für die Verteidiger der Kirche, für die Prediger und Theologen, die sie verteidigen, und, soweit wir dazu in der Lage wären, diesem meinem Herrn helfen, den jene so sehr verfolgen, obwohl er ihnen so viel Gutes getan hat, daß es aussieht, als wollten ihn diese Verräter jetzt von neuem kreuzigen, und er keinen Platz haben sollte, wo er sein Haupt niederlegen könnte» (CE 1,1–2).

In Teresa war der apostolische Gedanke zum Durchbruch gekommen; erst jetzt erhält San José seinen endgültigen geistlichen Auftrag. Teresa wird zu einer der Hauptfiguren der katholischen Gegenreformation. Der Gedanke an das persönliche Heil tritt zurück, ihr Denken wird universaler. Es genügt nicht mehr, für sich und die wenigen Bewohnerinnen von San José ideale Bedingungen für Gebet und Ordensleben zu schaffen, um auf diese Weise das eigene Heil zu sichern. Teresa ist jetzt bereit, ihr «Leben tausendmal hinauszugeben, um eine der vielen Seelen zu retten, die ich verlorengehen sah».

Diesen weiteren Schritt Teresas auf die Menschen zu kann man als «Heilsuniversalismus» bezeichnen, der zwar im Moment auf die «unheilvolle Sekte dieser Lutheraner» begrenzt ist, aber doch bereits die Person Teresas und die Mauern des Klosters übersteigt.

Aus heutiger Sicht mag ein solches Denken und Reden

über «diese Lutheraner» oder auch die «unheilvolle Sekte dieser Lutheraner» unmöglich erscheinen, und ist es auch; wir haben heute wahrlich andere Probleme und haben, Gott sei Dank, inzwischen wenigstens ein bißchen gelernt, mehr das Gemeinsame und Verbindende unter den Konfessionen als das Trennende zu betonen. Aber Teresa ist Kind ihrer Zeit, ist von ihrer Zeit geprägt. Genau hier liegt auch die Begründung für den Titel, den sie neben vielen anderen erhielt: «Hauptfigur der Gegenreformation». Ein nicht gerade glücklicher Name, zumal die sogenannte Gegenreformation viel zutreffender als «katholische Reform» bezeichnet wird. Doch mag Teresa auch noch so sehr vom antiprotestantischen Kampfgeist der damaligen Zeit geprägt sein, sie hat schon damals gut verstanden, daß man geistliche Auseinandersetzungen nicht mit Waffengewalt beilegen kann: «Wir haben uns auf den geistlichen und nicht den weltlichen Arm zu verlassen... Menschliche Kräfte reichen nicht aus, dieses Feuer zu bändigen, auch wenn man versucht hat, Soldaten auf die Beine zu bringen, so als könnte man mit Waffengewalt einem so großen Übel abhelfen, das sich so schnell ausbreitet» (CE 3,1.2). Das ist ein deutlicher Rat, religiöse, überhaupt geistiggeistliche Auseinandersetzungen nicht mit Waffengewalt zu lösen, ein Ratschlag, der auch für unsere Zeit aktuell ist. In diesem Rat spiegelt sich Teresas innere Erfahrung wider, ihre persönliche Eigenart. Bei ihren Bemerkungen über die «unheilvolle Sekte der Lutheraner» und ähnlichen Ausdrücken ist sie dagegen ganz vom damaligen Zeitgeist geprägt. Ihr Gebet für die Kirche entspricht nicht einem kämpferischen Antiprotestantismus, sondern ihrer innigen Gottverbundenheit.

Sie schreibt weiter im «Weg der Vollkommenheit»: «O

meine Schwestern in Christus! Helft mir, das von ihm zu erflehen! Aus diesem Grund versammelte euch der Herr hier; das ist eure Berufung; darin soll eure Beschäftigung bestehen; das haben eure Wünsche zu sein; dafür sollen eure Tränen fließen und darum sollt ihr beten, und nicht, meine Schwestern, um Dinge dieser Welt hier, worüber ich lache und zugleich betrübt bin, wenn man so etwas unserem Gebet empfiehlt, so daß wir schließlich Gott bei Geschäften, in Rechtshändeln und um Geld bitten sollen, und zwar im Auftrag von Menschen, die, wenn es nach mir ginge, besser Gott bitten würden, all das mit Füßen treten zu können ... Die Welt steht in Flammen, sie wollen Christus gleichsam zum zweiten Mal verurteilen, denn Tausende von Zeugen erheben sich gegen ihn und wollen seine Werke zu Boden stürzen. Und da sollten wir Zeit verlieren mit Dingen, bei deren Gewährung wir vielleicht eine Seele weniger im Himmel haben könnten? Nein, meine Schwestern, nun ist keine Zeit, mit Gott über unwichtige Dinge zu verhandeln. Sicher, wenn es nicht aus Rücksicht auf die menschliche Schwachheit ist, die sich über alle Hilfe, die ihr zuteil wird, tröstet, so wäre es mir die größte Freude, wenn man einsähe, daß nicht das die Dinge sind, um die man in San José Gott bitten soll» (CE 1,4–5). Oder noch deutlicher: «Und wenn eure Gebete, Wünsche, Bußübungen und Fasten nicht dem gelten, was ich euch gesagt habe, dann bedenkt, daß ihr dem Ziel, zu dem ihr hier versammelt seid, nicht nachkommt, noch es erfüllt» (CE 4,4). Teresa sieht Sinn und Ziel ihrer Gründung im Einsatz für die bedrängte Kirche.

Doch damit ist die innere Öffnung Teresas für die Menschen noch nicht abgeschlossen. Sie schreibt selbst, daß ihr auch in dem neugegründeten Kloster etwas fehlte, sie fühlte, daß ihr Werk noch nicht abgeschlossen war: «Oft kam es mir vor, als wären die Reichtümer, die mir der Herr in meinen ersten Töchtern gegeben hat, für irgendein großes Ziel bestimmt. Nicht als hätte ich damals schon an das gedacht, was nachher kam, vielmehr war mein Wunsch, zum Wohl irgendeiner Seele mitzuarbeiten, im Lauf der Zeit immer mehr gewachsen, und oft schien es mir, als hielte ich einen großen Schatz in Händen und wünschte, daß sich alle seiner erfreuten, daß man mir aber die Hände gebunden hält, um ihn auszuteilen. So kam mir meine Seele eingeengt vor, denn die Gnaden, die ihr der Herr in jenen Jahren erwiesen hat, waren sehr groß, doch all das war in mir, wie mir schien, schlecht angelegt» (F 1,6).

Zwei Begegnungen halfen Teresa weiter:

«Vier Jahre nach der Gründung von San José oder vielleicht auch etwas später, kam zufällig ein Franziskaner namens Fray Alonso Maldonado zu Besuch. Kurz zuvor war er aus Westindien gekommen. Er begann von den vielen Millionen Seelen zu erzählen, die dort aus Mangel an Unterweisung verlorengingen, und hielt uns eine Predigt. Ich war ganz betroffen, daß so viele Seelen verlorengehen, was ich gar nicht fassen konnte. Unter vielen Tränen flüchtete ich mich in eine Einsiedelei, rief zum Herrn und bat ihn, mir eine Möglichkeit zu geben, wie ich etwas zur Rettung von Seelen in seinem Dienst tun könnte». In einer Vision vernahm sie dann die Worte: «Warte ein Weilchen, Tochter, und du wirst große Dinge sehn» (F 1,7–8).

Im Rahmen der Visitation des Ordens in Spanien kam der Ordensgeneral Giovanni Battista Rossi (Rubeo) am 11. April 1567 auch nach Avila, und in der Zeit vom 20. bis 27. April fanden im Sprechzimmer von San José wiederholt denkwürdige Begegnungen zwischen dem General des Ordens und der Gründerin und Priorin des ersten reformierten Karmels statt. Teresa berichtet: «Er war sehr erfreut, als er unsere Lebensweise sah, ein Abbild der Anfänge unseres Ordens, wenn auch in recht unvollkommener Weise, und stellte fest, daß die ursprüngliche Regel in ihrer ganzen Strenge beobachtet wurde. Und da er fest entschlossen war, daß dieser gute Anfang fortgeführt würde, gab er mir zur Gründung weiterer Klöster weitreichende Vollmachten mit der Androhung von Strafen, damit mir kein Provinzial Schwierigkeiten machen könne. Darum hatte ich ihn zwar nicht gebeten, aber er hatte an meiner Gebetsweise erkannt, daß mein Verlangen groß war, mitzuarbeiten, daß auch nur ein Mensch Gott näher käme» (F 2,3).

Damit war für Teresa der Weg offen, ihrem missionarischen Eifer freien Lauf zu lassen und auf ihre Weise missionarisch tätig zu sein. Die apostolische Idee Teresas, die sicher nicht von Anfang an zu ihren Gründungsplänen gehörte, sondern Frucht einer inneren Entwicklung ist, war mit dem Besuch des Franziskanermissionars Maldonado und der Visitation des Ordensgenerals auf einen Höhepunkt gelangt. Die Freundschaft zu den Menschen und zur Welt begann sich voll zu entfalten.

Damit ist der dritte und letzte Schritt Teresas auf ihrem «Weg zu den Menschen», der sie zu einem Heilsuniversalismus führt, vollzogen. Er kennt keine Grenzen mehr und will alle Menschen retten und umfassen.

*

Teresas «Weg zu den Menschen» beginnt bei dem aus ihrer Kindheit und Jugend stammenden Heilsindividualismus. Er hatte als Hauptmotiv ihre Flucht aus der Welt und ihren Eintritt ins Kloster bestimmt. Durch persönliche leidvolle Erfahrungen, durch Einflüsse aus ihrer Umwelt, Ratschläge von anderen, starkes eigenes Bemühen und übernatürliche Tröstungen und Gnaden gestärkt, erhält sie die Kraft, ein Kloster zu gründen. Auf diese Weise schafft sie sich eine Umgebung der Stille und Zurückgezogenheit, in der sie ihre karmelitanische Berufung – «Tag und Nacht im Gesetz des Herrn zu beten und im Gebet zu wachen» – nach ihren Vorstellungen und zum eigenen geistlichen Nutzen wie dem ihrer ersten Mitschwestern leben kann. Noch bevor es zur Gründung kommt, bestimmt sie das Beten und Opfern für die großen Nöte der Kirche zum Sinn und Ziel ihrer Gründung. Als sie nach einigen Jahren von den «vielen Millionen» in Westindien hört, die verlorengehen und vom General des Ordens die Erlaubnis zu weiteren Gründungen erhält, kennt ihre missionarische Begeisterung keine Grenzen mehr; sie wird zur «ruhelosen Herumtreiberin» Gottes, wie sie der päpstliche Nuntius Felipe Sega nannte, der es nur darauf ankommt, möglichst viele Klöster zu gründen, in denen nach den Idealen von San José gelebt wird. Aus der um das eigene Heil bangenden Ordenskandidatin, die aus knechtischer Furcht ins Kloster gegangen war, ist eine Reformatorin und Gründerin geworden, «die tausend Leben hingeben wollte, wenn sie so viele hätte, damit eine einzige Seele Dich auch nur ein bißchen inniger lobe. Und sie täte das in der Überzeugung, ihre Zeit gut verwendet zu haben» (6 M 6,4). Die apostolische Begeisterung, die Teresa nun an den Tag legt – «Ich empfand denen gegenüber, die sich aus Liebe zu unserem Herrn für die Missionierung einsetzen konnten, großen Neid, auch wenn ich tausend Tode sterben müßte» (F 1,7) – entspricht dem Stadium der mystischen Verlobung, das sie selbst folgendermaßen beschreibt: «Aber auf der anderen Seite möchte sie am liebsten mitten in die Welt gehen, um zu sehen, ob sie nicht etwas dazu beitragen kann, daß auch nur eine Seele Gott inniger lobe. Handelt es sich um eine Frau, so ist sie traurig über die Fesseln, die ihre Natur ihr auferlegt und die ihr nicht erlauben, das zu tun. Heftig beneidet sie diejenigen, die die Freiheit haben, es laut hinauszurufen und aller Welt zu verkünden, wer dieser große Gott der Heerscharen ist» (6 M 6,3).

Die geistliche Entwicklung Teresas hatte ihren Endpunkt erreicht. Je größer die apostolische Begeisterung, desto stärker ist die Liebe zu Gott. Erst wenn der Mensch zu einer intensiven Gottverbundenheit gelangt ist, wird sein Einsatz für die Mitmenschen fruchtbar und wirkungsvoll. Teresas völlige Öffnung für die Mitmenschen ist eine Frucht ihrer Liebe zu Gott und beweist zugleich deren Echtheit. Für Teresa gab es das Problem «actio» oder «contemplatio» nicht mehr; bei ihr waren beide eins geworden; «Marta und Maria müssen zusammen gehen, um den Herrn aufnehmen zu können und ihn immer bei sich zu behalten; sonst wird er schlecht bewirtet sein und ohne Speise bleiben» (7 M 4,14).

Wann hat nun Gott von Teresa Besitz ergriffen, und wann hat sie sich ihm völlig ausgeliefert, das heißt: Wann wurde ihr die große Gnade der mystischen Verlobung geschenkt?

Wenn wir die von ihr selbst geschilderte apostolische Begeisterung nach ihrer Öffnung für die Mitmenschen mit ihrer Beschreibung der mystischen Verlobung in der sechsten Wohnung vergleichen, so ergibt sich aus den zeitlichen Angaben – Gründungssitzung 1560, Gründung von San José 1562 –, daß nur dieser Zeitraum, 1560–1562, dafür in Frage kommt. An ihrem Beispiel können wir sehen, wie sich Hand in Hand mit der Vertiefung ihres Gottesverhältnisses die Öffnung auf den Mitmenschen hin vollzog. Der Mensch ist nur insoweit Mensch und seinen Mitmenschen Mitmensch, als er gottverbunden ist; er ist am meisten Mensch, wenn er ganz nahe bei Gott ist. Aus dieser Sicht sind die Mystiker die menschlichsten Menschen, da sie Gott-Erfüllte sind.

Die noch verbleibenden Jahre im Leben Teresas sind nur unter der Berücksichtigung dieser Entwicklung zu verstehen. Bei der nun beginnenden Welle von Klostergründungen – auf San José folgte 1568 eine Gründung in Medina del Campo, und bis zum Jahr ihres Todes 1582 noch 13 weitere – geht es in erster Linie nicht darum, möglichst viele Klöster zu gründen, um das begonnene Werk möglichst weit zu verbreiten und zu festigen. Teresa will vielmehr «die Sache des Herrn» fördern und ihrer apostolischen Begeisterung Gestalt verleihen. Dies wurde durch die Gnade der mystischen Vermählung am 16. November 1572 noch verstärkt.

Diese theologisch-geistige Dimension, die Teresas Leben beherrscht, muß berücksichtigt werden und darf nicht zugunsten psychologischer Erklärungen oder soziologischer Motivationen verdunkelt werden. Es gibt sie und sicher können sie Hilfen für das Verständnis Teresas bieten. Ihr gerecht werden können sie nicht.[7]

Nur aus dieser Sicht kann man ihre bedingungslose Treue zur Kirche als Institution verstehen, die von manchen ihrer Vertreter oft auf eine harte Probe gestellt wurde. Sie hat sie nie aufgekündigt, auch nicht, als sie 1576 in Sevilla in Gefahr stand, im Inquisitionskerker zu landen. Ihr Bestreben lief im Gegenteil immer wieder darauf hinaus, ihr Verhalten und ihre Schriften dem Urteil der Kirche zu unterwerfen. Auch nicht unter dem Vorwand außerordentlicher mystischer Erfahrungen versuchte sie, sich der Autorität der Kirche zu entziehen: «Ich halte es für ganz sicher, daß der Böse keine Seele betrügen, noch Gott das erlauben wird, wenn sie in nichts sich selber vertraut, sondern im Glauben gefestigt ist und mit dieser Liebe zum Glauben sich bemüht, dem, was die Kirche lehrt, zu entsprechen. Eine solche Seele werden noch so viele Offenbarungen, die man sich ausdenken kann, nicht einen Punkt von dem abbringen können, was die Kirche lehrt, und mag sie auch die Himmel offen sehen» (V 25,12).

Konkret begegnete Teresa der Kirche als Institution in ihren Beichtvätern, den Zensoren und ihren Oberen. Sie praktiziert lebendigen Gehorsam. Auf Geheiß ihrer Beichtväter schrieb sie die zensierte erste Fassung des «Weges der Vollkommenheit» nochmals ganz neu. Bei Gründungen richtete sie sich nach dem Rat ihrer Beichtväter, obwohl sie in einer Vision erfahren hatte, was zu tun sei. «Ich tat bei dieser Gründung, was ich in solchen Fällen zu tun pflegte, nämlich dem Rat des Beichtvaters zu folgen. So ließ ich ihn rufen, sagte ihm aber nicht, was ich im Gebet vernommen hatte, denn dadurch bin ich stets zufriedener. Ich flehe gewöhnlich zum Herrn, er möge die Beichtväter erleuchten, daß sie eine Sache entsprechend ihrer natürlichen Veranlagung erkennen können; und wenn Seine Majestät will, daß etwas geschieht, dann gibt er es ihnen ein. Diese Erfahrung habe ich oft gemacht» (F 17,4).

In Teresas Mystik war kein Platz für eine supranaturalistische Haltung, das Übernatürliche hat nie das echt Menschliche verdrängt; einen grundsätzlichen Gegensatz zwischen Amt und Charisma hat es für sie nicht gegeben. Höhepunkt ihrer Liebe zur Kirche wurde Teresas Sterbestunde. Sie spürte, nun vor der Vereinigung mit ihrem Bräutigam zu stehen, und dankte Gott immer wieder, daß er sie eine Tochter der Kirche hatte sein lassen. Diese beiden Gedanken, verbunden mit dem Bewußtsein ihrer Sündhaftigkeit, gehören zusammen, denn sie weiß sich durch Christus, ihren Bräutigam, erlöst und gerettet. Sie weiß aber auch, daß sie seine Erlösungstat nur annehmen kann, weil er weiterlebt und weiterwirkt in der menschlich-sichtbaren Gestalt seiner Kirche. Liebe zu Christus und Liebe zur Kirche sind bei Teresa eine unauflösliche Einheit.

Und trotzdem hat Teresa gegenüber der Institution Kirche, um diesen modernen, ihr gar nicht geläufigen Terminus zu gebrauchen, ihre eigene Linie durchgehalten. Das ist besonders an ihrem Verhalten der Inquisition gegenüber zu erkennen. Sie ist für sie kein Diskussionsthema (sie erwähnt sie kaum in ihren Schriften), sie ist für sie eine legitime Institution der Kirche und des Staates – wie hätte sie als kontemplative Nonne auch dagegen zu Felde ziehen können –, von der sie sich jedoch nicht so bestimmen und beherrschen läßt, daß sie deswegen ihr Verhalten ändern würde. Sie schreibt trotz der in Aussicht stehenden Zensuren und Schwierigkeiten so, wie sie es für gut und richtig hält. Darüber dürfen auch die allenthalben abgegebenen Treueerklärungen zur Kirche nicht hinwegtäuschen, so ehrlich sie gemeint sind. Wenn wir jedoch bedenken, daß 1559 von der Inquisition alle geistliche Literatur in spanischer Sprache verboten wurde, dann mag es verwundern

und von einer großen inneren Unabhängigkeit Teresas
zeugen, wenn sie 1565 auf Bitten ihrer Schwestern im
«Weg der Vollkommenheit» «einige Dinge über das Gebet» schreibt und sich zu allen Verboten auch noch in die
heftig umstrittene Auseinandersetzung über mündliches
und inneres Gebet hineinbegibt. Das innere Gebet war von
den Schultheologen geächtet, weil es sehr oft in religiösem
Subjektivismus ausartete. Teresa ist tapfer genug, ihren
Standpunkt zu verteidigen.

Auf diese Weise leistet Teresa *ihren* Beitrag zu den Auseinandersetzungen ihrer Zeit und in der Kirche damals, nicht,
indem sie auf ihre Meinung verzichtet, sondern indem sie
diese in der rechten Weise vorträgt.

*

Die wichtigsten Schriften[8] Teresas, die sie alle auf Geheiß
von Beichtvätern oder Oberen verfaßt hat, sind: Ihre
«Vida» – «Das Buch meines Lebens», wie der volle Titel
lautet; es umfaßt die Zeit bis Ende 1565; weiter der «Weg
der Vollkommenheit», dessen beide Fassungen in der ersten Hälfte des Jahres 1566 entstanden sind; ihre «Gründungen», mit deren Niederschrift sie am 25. August 1573
beginnt und bis auf die letzten vier Kapitel, welche sie je-
weils nach den einzelnen Gründungen niederschreibt, am
14. November 1576 vollendet; die «Moradas» oder die
«Innere Burg», die in der kurzen Zeit vom 2. Juni bis 29.
November 1577 zu Papier gebracht wird.

Thema ihrer *«Vida»* ist, wie ihr aufgetragen wurde, «die
Gebetsweise zu beschreiben und die Gnaden, die mir der
Herr erwies»; sie ist also ursprünglich als eine geistliche

Biographie gedacht, in Wirklichkeit wird ihre Schrift aber zu einem Zeugnis für die reiche übernatürliche Wirklichkeit, die ihr Leben bestimmt, und die sie auch entsprechend darstellen kann, was sie als eine besondere Gnade Gottes ansieht. Es geht ihr nicht darum, einen theoretischen Traktat über Mystik zu schreiben – dazu bekennt sie sich unfähig wegen mangelnder theologischer Bildung –, sie schreibt nur ihre Erfahrungen nieder, auf die sie allerdings immer wieder pocht, bei der Frage nach der Verehrung der Menschheit Christi sogar gegenüber einer ganzen theologischen Strömung der damaligen Zeit, denn «was ich aus Erfahrung weiß, darüber kann ich sprechen» (V 8,5). Das ist sicher eine Eigenschaft, in der Teresa dem nach übernatürlicher Erfahrung hungernden Menschen von heute sehr verwandt ist.

Teresa schreibt spontan, wie es ihr gerade in den Sinn kommt – mit ihren Worten ausgedrückt: Wie es Gott ihr eingibt –, sie wirkt sehr unmittelbar auf den Leser, der sich ihrem Zauber und ihrer Anziehungskraft kaum entziehen kann. Um sie richtig zu verstehen, müßte man sie eigentlich hören; ihre Schriften sind niedergeschriebene Unterhaltungen mit einem Gesprächspartner, den sie beim Schreiben immer vor Augen hat. Typisch für ihre Spiritualität, die ganz im Zeichen der Freundschaft steht, ist, daß in ihren Schriften Gott und Mensch als Gesprächspartner auftreten. Sie steht, wenn sie schreibt, teils mit dem Leser, teils mit Gott im Dialog, und zwar so, daß der Leser nicht mehr nur Leser bleibt: Wenn er in den Dialog mit ihr einsteigt, wird er in den Dialog, den sie mit Gott führt, mithineingenommen. Sie selbst dient als Mittel, um den Leser in ein Gespräch mit Gott einzubeziehen. Sie lehrt ihn beten, weil ihr eigenes Beten, ihr Leben, ihr Verhalten und Sprechen bestimmt und umwandelt. Alltägliches und religiöses Leben verschmelzen zu einer Einheit.

Diese Beobachtung gilt für die «Vida», die *Gründungsberichte* über die einzelnen Klöster, in die allerdings immer wieder Anweisungen über das geistliche Leben und Erfahrungsberichte einfließen, besonders für den *«Weg der Vollkommenheit»*, den sie auf Bitten ihrer ersten «Töchter», «Schwestern» oder auch «Freundinnen» von San José und mit Billigung des berühmten Dominikanertheologen Domingo Báñez schreibt. Thema ist die Anleitung der Karmelitin zum Gebet, ein damals durchaus «heißes Eisen», nämlich die Frage nach mündlichem oder betrachtendem Gebet. Teresa gibt dem reinen Lippengebet eine klare Absage: «Töchter, laßt ab von diesen Ängsten, wo es nichts zu fürchten gibt; wenn euch einer Angst machen sollte, so erläutert ihm in Bescheidenheit den Weg. Sagt, daß ihr eine Regel habt, die euch ohne Unterlaß zu beten gebietet, daß sie das gebietet und daß ihr sie zu beachten habt. Wenn er euch sagen sollte, daß damit das mündliche Gebet gemeint sei, so bohrt weiter und fragt, ob Verstand und Herz bei dem sein sollen, was ihr sagt. Wenn er ja sagt (und er kann gar nicht anders), dann seht, wie er euch zugibt, daß ihr erst recht betrachtendes Gebet zu halten habt, und Kontemplation, wenn es Gott gewährte» (CE 36,6).

Mit Hilfe einiger Bilder legt Teresa ihre Lehre dar: Ausgangspunkt ist die damalige Lage der Kirche in der Auseinandersetzung mit den Protestanten. Die Kirche ist eine Burg, von der aus die treuen Vasallen des Königs Ausfälle auf das Kampffeld zu machen haben. Die Darstellung ihrer Lehre geht weiter mit Hilfe des Bildes vom Weg und des lebendigen Wassers, mit dem Bild vom Schachspiel, an das sie ihren mit Originalität und Spontaneität geschriebenen

Kommentar des Vaterunser anknüpft, eine Darstellung des gesamten geistlichen Weges des Menschen bis zur höchsten mystischen Vereinigung.

Die «Moradas», «Innere Burg» oder auch «Seelenburg» genannt (der genaue Titel heißt: «Moradas del Castillo interior» – Wohnungen der Inneren Burg) enthält die Summe ihrer «Weisheit» und ist Höhepunkt ihrer schriftstellerischen Fähigkeiten. In sieben Wohnungen, die nicht nebeneinander, sondern ineinander liegen, teilt sie das geistliche Leben des Menschen ein; in der innersten der sieben Wohnungen vollziehen sich die geheimnisvollen Begegnungen zwischen Gott und Mensch.

Eingangspforte in die Burg ist das Gebet, das durch die Übung der Demut – Selbsterkenntnis angesichts der Größe Gottes – vertieft wird. Die Entschlossenheit, weiterzumachen (zweite Wohnung) und das Ausharren (dritte Wohnung) auch in Zeiten geistlicher Unlust und Dürre, führen zur vierten Wohnung, wohin der Mensch durch eigenes Bemühen, d. h. bei Teresa ohne außerordentliche Gnadenhilfe, gelangen kann.

Der vierten Wohnung, in der die übernatürlichen Dinge beginnen, entspricht das Gebet der Sammlung und der von Gott geschenkten inneren Ruhe. Die Allegorie von der Seidenraupe bietet Teresa eine herrliche Möglichkeit, das Gebet der Vereinigung in den drei Intensitäten zu erklären: einfache Vereinigung (fünfte Wohnung), geistliche Verlobung (sechste Wohnung) und geistliche Vermählung (siebente Wohnung). Dabei wird sie nicht müde, darauf hinzuweisen, daß der Mensch sich diese Gnaden nicht verschaffen kann, mag er noch so viele Praktiken und Übungen vollbringen. Sie sind Geschenk Gottes. Trotzdem muß der Mensch tun, was er kann.

Der Widerspruch ist nur scheinbar. Die Grundidee der te-
resianischen Spiritualität ist die Freundschaft. Auch sie
bietet keinen Platz für Forderungen und berechnendes
Denken, sie ist Geschenk. Wer aber würde nicht alle seine
Kräfte für den Freund einsetzen?

Auch in dieser Grundidee Teresas scheint mir ein An-
knüpfungspunkt für den heutigen Menschen zu liegen, der
oft in einer anonymen und unmenschlichen Gesellschaft
leben muß. Die Freundschaft mit Gott, die er nach Teresa
immer anbietet, kann ihm Erfüllung geben und ihn zur
Freundschaft mit den Menschen und zu einer positiven
Haltung gegenüber der Welt führen.

Das ist in etwa der Leitfaden, der sich durch die folgende
von uns getroffene und übersetzte Textauswahl hinzieht[9]:
Der Mensch erfährt seine Begrenztheit. Das darf ihn jedoch nicht zu Resignation führen, sondern kann eine
Chance bedeuten. Er wird fast gezwungen, über sich hin-
auszuwachsen und sich Gott zu öffnen. Durch die «Zu-
sammenarbeit», durch die Freundschaft mit Gott wird er
fähig zur Freundschaft mit den Mitmenschen und der
Welt.

I. DER MENSCH ERFÄHRT SEINE
BEGRENZTHEIT

*Der Fortschrittsglaube vieler reicher Länder in Europa und
Amerika ist ins Wanken geraten. Immer deutlicher zeigen sich
die «Grenzen des Wachstums».*
*Was hier als Erfahrung ganzer Nationen und Kontinente ange-
sprochen wird, ist oft auch die Erfahrung des einzelnen Menschen. Es fällt schwer, diese Erfahrung, die nichts anderes ist als
das Eingeständnis von Schwäche, Begrenztheit und Ohnmacht,
offen auszusprechen. Für Teresa von Avila ist dies die wahre
Sicht der Situation des Menschen. Sie hat sie intensiv erlebt, sie
war Grundlage und Voraussetzung für ihr gesamtes Leben.*

«Manchmal kommen und kamen Mühsale von anderer
Art über mich, daß es mir scheint, als wäre mir die Möglichkeit genommen, etwas Gutes zu denken oder auch nur
zu wünschen, es auszuführen. Meine Seele[1] und mein Leib
kommen mir dabei total unnütz und lästig vor ... Dabei
spüre ich eine Unlust, ohne zu wissen, woher sie kommt,
noch vermag etwas meine Seele zufriedenzustellen. Ich
suchte, mich teilweise zu zwingen, äußerliche gute Werke
zu tun, um mich irgendwie zu beschäftigen, und weiß nur
zu gut, wie wenig eine Seele vermag, wenn sich die Gnade
verbirgt ...
Andere Male wiederum ergeht es mir so, daß ich nicht einmal einen vernünftigen Gedanken an Gott noch an irgendeine andere gute Sache festhalten und auch kein Gebet verrichten kann, auch wenn ich in der Einsamkeit bin, aber

ich spüre, daß ich ihn kenne. Mir wird dabei klar, daß der Verstand und die Vorstellungskraft mir in diesem Fall Schaden bereiten, doch der Wille, so kommt es mir wenigstens vor, ist ruhig und bereit zu allem Guten; der Verstand aber ist so verworren, daß er mir nicht anders vorkommt wie ein Irrer, den niemand bändigen kann, und auch ich bin nicht Herrin über ihn, um ihn wenigstens für die Dauer eines Credo ruhig halten zu können. Manchmal lache ich einfach darüber und erkenne meine Misere an, schaue ihm nach und laß ihn gewähren, um zu sehen, was er tut ...

So etwas erlebe ich immer wieder; manchmal spüre ich ganz klar, daß meine schwache Gesundheit daran mit schuld ist. Ich denke aber auch oft daran, welchen Schaden uns die Ursünde zufügte; von ihr scheint es mir zu kommen, daß wir unfähig sind, ein so großes Gut ununterbrochen zu genießen, und auch meine Sünden tragen sicher mit dazu bei, denn wenn ich nicht so viele begangen hätte, wäre ich im Guten wohl gefestigter ...

Ein andermal wiederum gebärdet sich die Seele, ich möchte sagen, wie eine Närrin. Ich habe dabei den Eindruck, daß ich weder etwas Gutes noch Böses tue, sondern, wie man sagt, einfach hinter den anderen hertrotte, ohne daß mir das weh tut, aber auch ohne Freude, gleichgültig ob es zum Leben oder Tod, mir zu Gefallen oder lästig ist; es scheint vielmehr, als würde man da überhaupt nichts spüren. Dabei ist mir, als ginge die Seele wie ein Esel umher, der weidet und sich von dem nährt, was sie ihm zu fressen geben, und der frißt, fast ohne das überhaupt zu merken» (V 30,15–18). «Wer hätte gesagt, daß ich so schnell wieder fallen würde, nachdem ich so viele Wohltaten von Gott erhalten hatte; nachdem Gott begonnen hatte, mir Tugenden zu schenken, und genau diese es waren, die mich aufrüttelten, ihm zu dienen; nachdem ich mich schon fast tot gesehen hatte und Gefahr lief, verdammt zu werden; nachdem er mir Seele und Leib auferweckt hatte, so daß sich alle, die mich sahen, wunderten, mich noch am Leben zu sehen? Was ist das, mein Herr? Müssen wir in einem so gefahrvollen Leben stehen? Während ich das niederschreibe, kommt es mir vor, als könnte ich mir mit deiner Gnade und Barmherzigkeit die Worte des heiligen Paulus zu eigen machen, wenn auch nicht mit dieser Vollkommenheit: ‹Nicht mehr ich lebe, sondern du bist es, mein Schöpfer, der in mir lebt›, denn so hältst du mich, wie ich selbst verspüren kann, an deiner Hand; ich fühle in mir ein Verlangen und eine Entschlossenheit, die sich irgendwie in diesen Jahren schon in vielen Umständen bewiesen haben, nichts gegen deinen Willen zu tun, und handelte es sich auch um eine noch so unbedeutende Angelegenheit, und obwohl ich ganz sicher dich noch ziemlich viel beleidige, ohne es überhaupt zu merken. Ich glaube aber auch, daß sich mir keine Gelegenheit bietet, die ich nicht aus Liebe zu dir mit großer Entschlossenheit ergreifen würde, und des öfteren hast du mir schon geholfen, so daß ich sie schließlich mit Erfolg durchgestanden habe. Nicht nach der Welt und nach nichts von ihr verlangt mich; ich weiß aber auch, daß mich nichts zufriedenstellen könnte, wenn es nicht von dir kommt, und daß mir alles übrige wie ein schweres Kreuz vorkommt. Doch allzu leicht mache ich mir da etwas vor, und vielleicht tue ich das tatsächlich, so daß das, was ich sage, gar nicht zutrifft; aber du weißt doch genau, mein Herr, daß ich, soweit ich das einsehen kann, nicht lüge, und so habe ich geradezu Angst, und zwar aus vielerlei Gründen, daß du mich von neuem verlassen könntest. Ich weiß nämlich sehr gut, wie weit meine Kraft und geringe Tugend reichen, wenn du sie mir nicht immer wieder gibst und mir hilfst, dich nicht zu verlassen. So mögest du mich doch bitte nicht verlassen, auch jetzt nicht, wo es mir scheint, daß alles, was ich sagte, auf mich zutrifft. Ich weiß nicht, wie wir überhaupt noch leben wollen, da doch alles so unsicher ist. Mir schien es dabei schon unmöglich, mein Herr, dich gänzlich aufgeben zu können. Weil ich dich aber schon so oft verließ, kann ich nicht aufhören zu fürchten, daß ich sofort wieder zu Boden stürzen würde, wenn du dich auch nur ein bißchen von mir entfernst. Gepriesen bist du für immer, da du mich niemals ganz und gar verlassen hast, so daß ich mich nicht wieder hätte erheben können, obwohl ich mich von dir abwendete; immer hast du mir deine Hand entgegengestreckt, ich aber, mein Herr, habe sie oftmals noch nicht einmal gewollt, noch wollte ich verstehen, wie du mich immer wieder von neuem gerufen hast» (V 6,9).

«In diesem Sturm der schmerzvollen inneren Leiden bleibt einem nichts weiter übrig, als auf die Barmherzigkeit Gottes zu schauen, welcher unversehens durch ein einziges Wort von sich oder durch irgend etwas, das rein zufällig geschieht, alles so schnell wegnimmt, daß es scheint, als sei diese Seele nie umwölkt gewesen, da sie von Sonne und viel reicherem Trost erfüllt ist. Und wie einer, der siegreich einer gefährlichen Schlacht entronnen ist, lobt sie unseren Herrn, denn er war es, der den Sieg errungen hat. Sie weiß ganz genau, daß nicht sie gekämpft hat, da ihr ist, als sähe sie alle Waffen, mit denen sie sich hätte verteidigen können, in den Händen ihres Gegners. Sie sieht deutlich ihre ganze Misere und das Wenige, das wir von uns aus fertigbringen würden, wenn uns der Herr im Stich ließe.

Es bedarf gewiß keiner weiteren Überlegung mehr, um das einzusehen, denn wenn die Seele so etwas erlebt hat und ihr Unvermögen so richtig erfährt, dann hat sie dadurch unser Nichts erkennen können und spürt nun, wie armselig wir doch sind. Die Gnade nämlich … ist da so verborgen, daß es ihr vorkommt, als hätte sie auch nicht das geringste Fünkchen Gottesliebe in sich, noch habe sie jemals etwas davon gehabt. Wenn sie aber etwas Gutes getan hat oder Seine Majestät ihr ein Gnadengeschenk erwiesen hat, so meint sie, so etwas geträumt oder sich vorgemacht zu haben; ihre Sünden aber, die hat sie getan; das weiß sie genau» (6 M 1,10–11).

Im Herbst des Jahres 1528, Teresa ist 33 Jahre alt, verläßt sie todkrank ihr Kloster und macht sich mit ihrem Vater nach Becedas auf, um dort bei einer berühmt-berüchtigten Heilpraktikerin Heilung zu finden. Unterwegs fällt ihr bei ihrem Onkel Pedro das Buch «Tercer Abecedario espiritual», eine Einführung zum betrachtenden Gebet des Franziskaners Francisco de Osuna in die Hände. Es hilft ihr zu einem methodischen Vorgehen beim Beten:

«Ich versuchte, so gut ich konnte, mir Jesus Christus, unser Gut und unseren Herrn, zu vergegenwärtigen, und das war meine Art zu beten; wenn ich an einen Abschnitt aus der Leidensgeschichte dachte, stellte ich ihn mir innerlich vor … Da mir aber Gott kein Talent zu einem diskursiven Nachdenken gegeben hatte, und ich auch mit Hilfe meiner Vorstellungskraft nicht weiter kam, weil diese so unbeholfen ist, daß ich nicht einmal an die Menschheit des Herrn denken noch sie mir vorstellen konnte, wie ich es zu machen versuchte, kam ich mit all dem nicht weiter …
So wagte ich in all diesen Jahren nicht, ohne ein Buch ein

Gebet zu halten, außer gleich nach der Kommunion; ohne ein Buch fürchtete ich mich vor dem Gebet, wie wenn ich mit einer großen Schar kämpfen müßte, mit einem Buch aber war ich innerlich getröstet, denn es wirkte wie ein Begleiter oder ein Schild, mit dem ich die vielen anstürmenden Gedanken auffangen konnte. Zwar war die Unlust zum Beten nicht gerade alltäglich, aber immer, wenn ich kein Buch hatte, war ich durcheinander, und meine Gedanken waren verworren, mit einem Buch aber begann ich mich zu sammeln» (V 4,8–9).

«Während mehrerer Jahre gab ich sehr oft mehr darauf acht, ob nicht möglichst bald die Gebetszeit, zu der ich verpflichtet war, zu Ende ging, und achtete mehr auf die Uhr als auf andere gute Dinge; und sehr oft kam mir in den Sinn, daß ich wohl kaum mit größerem Vergnügen eine schwere Buße verrichten wollte, als mich zu sammeln und zu beten. Ganz gewiß, die Gewalt, die mir der Böse oder auch meine schlechte Angewohnheit antaten, ja nicht zum Gebet zu gehen, und die Traurigkeit, die mich beim Betreten des Chores überkam, waren so unerträglich, daß ich meines ganzen Mutes bedurfte (der, wie man sagt, nicht gering ist, und wovon mir Gott, wie man gesehen hat, viel mehr gegeben hat als sonst einer Frau, nur habe ich ihn schlecht eingesetzt), um mich zum Beten zu zwingen» (V 8,7).

«Weil ich mich nicht an diese unerschütterliche Säule hielt, welche das Gebet ist, lebte ich fast zwanzig Jahre lang in diesem aufgewühlten Meer mit diesem Stürzen und Aufstehen, einem schlechten Aufstehen, da ich wieder fiel, und lebte ein Leben von so geringer Vollkommenheit, da ich die leichten Sünden kaum beachtete und die schweren, auch wenn ich sie fürchtete, nicht so, wie ich es hätte tun sollen, denn ich entfernte mich nicht von den Gefahren. Ich kann nur sagen, daß das eine der schmerzlichsten Lebensweisen ist, die man sich vorstellen kann, denn weder erfreute ich mich Gottes, noch fand ich in der Welt meine Befriedigung. Wenn ich mich mit der Welt abgab und dabei daran dachte, was ich Gott schuldete, so geschah das wieder mit Gewissensbissen; wenn ich bei Gott weilte, bedrängte mich die Anhänglichkeit an die Welt. Das ist ein so schmerzlicher Krieg, daß mir heute noch nicht klar ist, wie ich das auch nur einen Monat aushalten konnte, um wieviel weniger noch so viele Jahre» (V 8,2).

Den Tiefpunkt in ihrem Gebetsleben erreichte Teresa in den Jahren 1543/44, als sie aus falsch verstandener Demut das innere Gebet völlig aufgab², und zwar für «eineinhalb Jahre oder wenigstens für eines, denn an das halbe erinnere ich mich nicht mehr so gut» (V 19,5):

«Und so begann ich von Zeitvertreib zu Zeitverteib, von Nichtigkeit zu Nichtigkeit und von einer Gelegenheit in die andere zu stolpern und mich so großen Versuchungen auszusetzen und meine Seele mit so großen Nichtigkeiten zu ermüden, daß ich mich geradezu schämte, in einer so großen Freundschaft, wie es das Gebet ist, mich Gott erneut zuzuwenden. Dazu kam, daß beim Anwachsen der Sünden allmählich der Geschmack und die Freude an der Tugend abnahmen. Ich sah sehr deutlich, mein Herr, daß mir dies deswegen zu fehlen begann, weil ich mich dir gegenüber verfehlte. Das war der größte Schwindel, den mir der Böse unter dem Anschein von Demut vormachen konnte, daß ich nämlich begann, aus Furcht nicht mehr zu beten, weil ich mich für so verkommen hielt. Mir schien es besser zu sein, mich so zu verhalten wie die vielen anderen – denn im Schlechtsein war ich eine der Schlechtesten – und das mündlich zu beten, wozu ich verpflichtet war, und das innerliche Gebet und den vertrauten Umgang mit Gott nicht mehr zu pflegen, ich, die ich verdient hatte, bei den Dämonen zu sein und die ich die Leute hinterging, denn nach außen hin machte ich einen guten Eindruck. Dafür kann man nicht dem Kloster die Schuld geben, in dem ich lebte, da ich es mit Hilfe meines Geschickes fertigbrachte, in einem guten Ruf zu stehen, wenn ich auch nicht bewußt einen christlichen Geist vorheuchelte. Was aber die Scheinheiligkeit und Eitelkeit betrifft, so erinnere ich mich, Gott sei Dank, nicht, ihn einmal beleidigt zu haben, soweit ich das weiß, denn bei der ersten Versuchung in dieser Richtung tat mir das so weh, daß der Böse abgeschlagen wurde und wieder gehen mußte, und ich siegreich blieb; deshalb hat er mich in dieser Hinsicht auch nur selten versucht. Aber gesetzt den Fall, Gott hätte ihm erlaubt, mich auch da so zu versuchen wie auf anderen Gebieten, so wäre ich auch da gestürzt. Doch bis jetzt hat mich Seine Majestät davor bewahrt, wofür sie immer gepriesen sei; ja noch mehr, es tat mir sehr weh, daß die anderen so gut von mir dachten, da ich doch wußte, wie ich war» (V 7,1).

Es gibt im Leben Teresas von Avila eine Zeit, in der sie das innere Gebet aufgegeben hatte, ein Zustand, an dem sich ihre Begrenztheit und Ohnmacht deutlich zeigten.
Aber auch später, als sie bereits weiter fortgeschritten war im geistlichen Leben und das innere Beten bereits wieder regelmäßig pflegte, erlebt sie immer wieder ihre Unentschlossenheit und Unsicherheit; sie zeigen, daß sie eben nicht immer so kann wie sie will.

«So war ich also schon ganz erschöpft und, wie sehr ich auch wollte, meine schlechten Gewohnheiten, die ich hatte, ließen mich nicht zur Ruhe kommen. Eines Tages, als ich ins Oratorium ging, erblickte ich eine Statue, die sie dorthin gebracht und aufgestellt hatten für ein Fest, das man im Hause feierte. Es war ein Schmerzensmann, übersät mit Wunden und Mitleid erregend. Als ich ihn sah, wurde ich innerlich aufgewühlt, ihn in so einem Zustand zu sehen, denn man konnte nachempfinden, was er für uns litt. Der Schmerz, den ich empfand, weil ich mich für jene Wunden nur in so geringem Maß dankbar zeigte, war so groß, daß es mir das Herz zu zerreißen schien. Aufgelöst in Tränen warf ich mich vor ihm nieder und bat ihn, mir für immer Kraft zu geben, ihn nicht mehr zu beleidigen. Ich hatte eine große Verehrung für die glorreiche Magdalena, und sehr oft mußte ich an ihre Bekehrung denken, besonders wenn ich kommunizierte. Da ich wußte, daß dann der Herr sicher in mir war, warf ich mich ihm zu Füßen, weil ich meinte, daß er meine Tränen nicht verachten würde. Ich wußte nicht, was ich da sagte (der aber, der es zuließ, daß ich für ihn Tränen vergoß, tat damit schon viel, denn sehr schnell vergaß ich wieder dieses Reuegefühl), empfahl mich aber dieser glorreichen Heiligen, damit sie mir Vergebung erwirke.

Aber dieses letzte Mal, ich meine die Begegnung mit dem Leidensmann, brachte mir mehr Nutzen, denn ich hatte zu mir schon überhaupt kein Vertrauen mehr, sondern setzte mein ganzes Vertrauen auf Gott. Ich glaube, ich habe ihm damals gesagt, daß ich mich nicht mehr erheben wollte, bis er das tut, worum ich ihn bat. Ich bin sicher, daß mir das weiterhalf, denn von da an ging es mit mir viel besser voran.

Ich hatte diese Art zu beten: Weil ich mit dem Verstand nicht diskursiv denken konnte, bemühte ich mich, in mir Christus zu vergegenwärtigen, und wie mir scheint, nützten mir besonders die Szenen aus seinem Leben, in denen er am verlassensten und einsamsten war; ich meinte nämlich, daß er mich in seiner Einsamkeit und Niedergeschlagenheit, als einer also, der Hilfe braucht, zu sich lassen müßte. Von diesen einfachen Mitteln hatte ich viele. Besonders gut bekam mir das Gebet im Ölgarten, wo ich ihm Gesellschaft leistete. Ich dachte an den Schweiß und die Niedergeschlagenheit, die er dort durchmachte. Ich verlangte danach, wenn ich dazu in der Lage gewesen wäre, ihm seinen schmerzlichen Schweiß abzuwischen (doch erinnere ich mich, daß ich nicht wagte, mich dazu durchzuringen, da mir meine schweren Sünden einfielen); ich blieb dann dort bei ihm, solange es meine Phantasie zuließ, die mir allerdings sehr stark zu schaffen machte. Jahrelang dachte ich vor dem Einschlafen – da empfahl ich mich nämlich immer Gott – noch eine Weile über diesen Abschnitt aus dem Gebet im Ölgarten betend nach, auch schon bevor ich ins Kloster gegangen war. Man hatte mir nämlich gesagt, daß man so viele Ablässe gewinnen könne. Ich bin überzeugt, daß meine Seele großen Nutzen daraus gezogen hat, denn ich begann, innerliches Gebet zu halten, ohne zu wissen, was das überhaupt war, und diese alltägliche Gewohnheit brachte mich soweit, es nicht mehr zu unterlassen, wie ich es auch nicht unterließ, mich vor dem Einschlafen zu bekreuzigen.

Doch um wieder zu dem zurückzukehren, was ich über die Belästigung sagte, die mir die vielen Gnaden verursachten: Die Methode, ohne Hilfe des Verstandes Gebet zu halten, hat das Besondere an sich, daß die Seele entweder sehr gesammelt oder sehr zerstreut ist, ich meine zerstreut in bezug auf das Nachdenken. Wenn sie davon Nutzen hat, dann ist der Nutzen groß, denn er kommt durch die Liebe. Aber um dahin zu gelangen, muß sie sich sehr anstrengen, es sei denn, es sind Menschen, die der Herr in ganz kurzer Zeit zum Gebet der Ruhe gelangen lassen will; einige solche kenne ich. Den Seelen, die diesen Weg gehen, nützt ein Buch viel, wenn sie sich schnell sammeln wollen. Mir half es auch, Felder, Wasser oder Blumen zu sehen; in ihnen fand ich eine Spur des Schöpfers. Ich meine, sie riefen mich wach, sie ließen mich zur Sammlung kommen und dienten als Buch; auch half es mir, wenn ich an meine Undankbarkeit und Sünden dachte. Was die himmlischen oder erhabenen Dinge anbelangt, so war mein Verstand so ungeschickt, daß ich sie mir in gar keiner Weise vorstellen konnte, bis sie mir der Herr auf andere Weise vor Augen führte.

Ich besaß eine so geringe Fähigkeit, mir mit dem Verstand etwas vorzustellen, daß mir meine ganze Phantasie nichts half, wenn ich es nicht wirklich vor mir sah, im Gegensatz zu anderen Menschen, die sich in ihrer Vorstellung ausmalen können, worüber sie sich dann sammeln konnten. Ich konnte nur an Christus als Mensch denken, aber auch so könnte ich ihn mir, mag ich noch so viel über seine Schönheit gelesen oder Bilder von ihm gesehen haben, nur vorstellen wie jemanden, der blind ist und im Dunkeln steht, und der, auch wenn er mit einem redet und sieht, daß er bei einem ist, diesen doch nicht sieht, obwohl er sicher weiß, daß er da ist, ich meine, daß er versteht und glaubt, daß er da ist. So erging es mir, wenn ich an unseren Herrn dachte, deswegen habe ich Bilder auch immer so gern gehabt. Die Unglückseligen, die durch eigene Schuld dieses

Gut verlieren! Es scheint eindeutig zu sein, daß sie den Herrn nicht lieben, denn wenn sie ihn liebten, würden sie sich freuen, sein Bild zu sehen, wie man ja auch hier sich freut, das Bild des Menschen, den man liebt, zu sehen.

In dieser Zeit gaben sie mir die «Bekenntnisse» des hl. Augustinus zu lesen; es scheint, daß der Herr das so angeordnet hat, denn ich hatte mich nicht danach umgesehen noch hatte ich sie vorher gekannt. Ich verehre den hl. Augustinus sehr, weil das Kloster, in dem ich zur Erziehung war[3], zu seinem Orden gehörte, aber auch weil er ein Sünder war. Bei den Heiligen, die der Herr nach ihrem Sündenleben zu sich gezogen hat, fand ich eher reichen Trost, weil ich meinte, daß ich bei ihnen Hilfe finden könnte. Da der Herr ihnen vergeben hat, ist er mächtig genug, so auch an mir zu handeln. Eines nur deprimierte mich, wie ich schon sagte, daß der Herr diese nur einmal hatte rufen müssen, und sie dann nicht mehr fielen, während er mich schon so oft gerufen hat, so daß ich deswegen schon ganz mutlos war. Doch wenn ich wieder an die Liebe dachte, die er zu mir hatte, faßte ich von neuem Mut, weil ich das Vertrauen auf seine Barmherzigkeit niemals verloren habe, das Vertrauen zu mir aber schon oft.

O mein Gott, wie erschreckt mich doch die Verhärtung, die meine Seele trotz so großer Hilfe von seiten Gottes bewies! Es wird mir jetzt noch Angst, wenn ich an die geringe Macht denke, die ich über mich hatte, und wie sehr ich verstrickt war und mich nicht dazu durchrang, mich ganz und gar Gott auszuliefern.

Als ich begann, die «Bekenntnisse» zu lesen, fand ich mich in ihnen wieder. Ich empfahl mich immer mehr diesem glorreichen Heiligen. Und als ich in der Lektüre bei seiner Bekehrung angekommen war und las, wie er jene Stimme im Garten gehört hat, war es mir nicht anders als hätte der Herr mich gerufen; so stark vernahm ich seine Stimme in mir. Lange Zeit verblieb ich in Tränen aufgelöst und war ganz niedergeschlagen und erledigt.

O mein Gott, was hat eine Seele zu erleiden, wenn sie die Freiheit verliert, die sie zur Herrin über sich macht, und welche Leiden macht sie durch! Ich wundere mich heute, wie ich in dieser Qual leben konnte. Gott sei gelobt, der mir Leben schenkte, um diesem drohenden Tod zu entgehen.

Ich habe den Eindruck, daß meine Seele von Gottes Majestät große Kraft erhielt, Gott hörte auf meine Bittrufe und mußte sich meiner Tränen erbarmen. Langsam wuchs die Lust, längere Zeit bei ihm zu verweilen und die Gelegenheiten um mich herum zu meiden, denn wenn diese weg waren, begann ich, Seine Majestät von neuem zu lieben. Ich war mir darüber klar, so meine ich jedenfalls, daß ich ihn liebte, aber ich war mir nicht darüber klar, was es heißt, Gott wirklich zu lieben und wie mir das überhaupt aufgehen sollte. Ich glaube, daß ich mich noch nicht genügend darauf eingestellt hatte, ihm dienen zu wollen, als Seine Majestät auch schon wieder begann, mich zu beschenken. Es kam mir nicht anders vor, als wenn mich der Herr dazu bringen wollte, daß ich gern das annähme, um dessen Erwerb sich andere mit großem Einsatz abmühten, denn in den letzten Jahren war es bereits ein beständiges Erhalten von Gnaden und Gaben. Darum zu bitten, daß er mir all das gäbe, das wagte ich niemals, ebensowenig wie um ein wonnigliches Andachtsgefühl. Ich bat ihn nur um die Gnade, daß ich ihn nicht mehr beleidigte und er mir meine großen Sünden verzeihe; als ich nämlich sah, wie groß diese waren, wagte ich niemals wissentlich, auch noch um

Gunstbezeigungen und Tröstungen zu bitten. Mir schien, daß er schon viel zu gut war zu mir, und es stimmte, er erwies mir große Barmherzigkeit schon dadurch, daß er mich bei sich sein ließ und immer wieder an sich zog. Das sah ich klar: Wenn er es nicht immer wieder getan hätte, dann wäre ich wohl niemals so weit gekommen.

Nur einmal, erinnere ich mich, habe ich ihn in meinem Leben um Gunsterweise gebeten, als ich gerade ein starkes geistliches Unlustgefühl durchmachte. Als ich merkte, was ich tat, war ich so durcheinander, daß mir eben diese beschämende Erfahrung, so wenig demütig zu sein, das verschaffte, worum ich zu bitten gewagt hatte. Ich wußte wohl, daß es erlaubt war, um so etwas zu bitten, aber ich meinte, daß das für die zutrifft, die bereits entsprechend vorbereitet wären, nachdem sie sich mit allen Kräften um eine echte Frömmigkeit bemüht hatten, nämlich Gott nicht zu beleidigen und zu allem Guten bereit und entschlossen zu sein. Jene Tränen, die ich da vergoß, kamen mir weibisch und kraftlos vor, da ich mit ihnen nicht erreichte, was ich ersehnte. Und doch, bei allem glaube ich, halfen sie mir weiter, denn besonders nachdem ich zweimal auf diese Tränen hin eine große Zerknirschung und Mühsal in mir erfahren hatte, begann ich, mich mehr dem Gebet hinzugeben und mich weniger mit Dingen abzugeben, die mir schadeten, auch wenn ich damit noch nicht endgültig Schluß machte; aber, wie ich schon sagte, Gott half mir weiter, davon wegzukommen. Weil Seine Majestät auf nichts anderes als nur auf einen guten Ansatz von mir wartete, vermehrten sich die geistlichen Gnaden in dem Maß, wie ich noch sagen werde, was ungewöhnlich ist, denn der Herr gibt sie gewöhnlich nur solchen, die in größter Gewissensreinheit leben» (V 9).

In ihren «Betrachtungen zum Hohen Lied», einer Art Kommentar zu diesem «Liebeslied» des Alten Testamentes, einer Beschreibung des geistlichen Weges des Menschen zu Gott, kommt Teresa ihre Begrenztheit deutlich zum Bewußtsein:

«Von neuem sage ich es dir, mein Gott, und bitte dich um das Blut deines Sohnes willen, daß du mir diese Gunst erweisest: ‹Er küsse mich mit dem Kuß seines Mundes›, denn ohne dich, was bin ich, mein Herr? Was zähle ich, wenn ich nicht bei dir bin? Wo bleibe ich, wenn ich mich auch nur ein bißchen von dir entferne? Mein Herr, meine Barmherzigkeit und mein Gut! Was könnte ich anderes mehr ersehnen in diesem Leben als ganz nahe bei dir zu sein, so daß mich nichts mehr von dir trennt? In einer solchen Begleitung, was kann es da Schwieriges geben? Was, das man für dich nicht unternehmen könnte, wenn man dich so nahe bei sich hat? Für was müßte man sich bei mir bedanken, mein Herr? Vielmehr müßte man mich anklagen für all das, worin ich dir nicht diene. So bitte ich dich mit dem hl. Augustinus in aller Entschlossenheit, daß du mir zu verstehen gibst, was du befiehlst, und befiehlst, was du willst›⁴; mit deiner Hilfe und Gnade werde ich mich wohl nie mehr von dir abwenden» (MC 4,7).

Ihre Begrenztheit und Ohnmacht fühlte Teresa in gleicher Weise beim Voranschreiten auf dem Weg der Vereinigung mit Gott. In ihrer «Vida» hat sie diesen Weg mit vier Bewässerungsarten verglichen:

«Mir scheint, daß man [einen Garten] auf vielerlei Weisen bewässern kann: Indem man das Wasser aus einem Brunnen schöpft, was für uns sehr mühsam ist; oder es mit Hilfe eines Schöpfrades und Eimern heraufzieht …, was für uns nicht so mühsam ist und mehr Wasser fördert; oder indem man das Wasser *aus einem Fluß oder Bach herleitet, so daß die Erde gut bewässert wird und es nicht notwendig ist, so oft zu bewässern: Dadurch wird dem Gärtner viel Arbeit erspart; oder wenn es schließlich stark regnet: Dann bewässert der Herr ganz ohne unser Zutun, und das ist viel besser als alle anderen genannten Bewässerungsarten» (V 11,7). Die erste Bewässerungsart entspricht dem Gebet der Sammlung (V 11,9), die zweite dem Gebet der Ruhe (V 14,1), die dritte dem Gebet des «Schlafes der Seelenkräfte» (V 16,1) und die vierte dem Gebet der Vereinigung (V 18,2). Die Seele im «vierten Wasser», wie Teresa ihre Einteilung oft nennt (V 11,8), spürt ihre Unfähigkeit ganz deutlich:*

«Eine Seele, die bis hierher [viertes Wasser] gelangt ist, hat nicht nur Sehnsucht nach Gott, sondern Seine Majestät gibt ihr auch die Kraft, diese zu verwirklichen. Es gibt keine Gelegenheit, in die sie sich nicht hineinstürzte und bei der sie nicht darauf aus wäre, wie sie ihm dienen könnte, und doch ist sie überzeugt, daß sie nichts leistet, denn sie sieht klar, daß alles nichts ist, außer sie lebt Gott zu Gefallen. Es bedeutet ihr eine Qual, daß es nichts gibt, was sich Menschen, die von so geringem Nutzen sind wie ich, an Möglichkeiten darbietet. Du aber, mein Gut, laß doch eine Zeit kommen, in der ich dir wenigstens ein paar Pfennige von dem zurückzahlen kann, was ich dir schulde. Sag' du mir, Herr, wie ich dir dienen kann, wie diese deine Dienerin dir irgendwie dienen kann. Auch andere waren Frauen, und haben doch Heroisches geleistet aus Liebe zu dir. Ich tauge zu nichts als zum Wortemachen; laß es deswegen nicht mit mir darauf ankommen, mein Gott! Alles erschöpft sich in Worten und guten Wünschen, wenn ich dir dienen soll, und nicht einmal da bin ich ganz frei, da ich mich vielleicht sogar in allem täusche. Gib du mir Kraft und weise du mich zuerst an, Gut aller Güter und mein Jesus, und sag' mir dann, wie ich etwas für dich tun kann, da es keinen gibt, der es erträgt, von dir so viel zu bekommen und nichts dafür zu leisten. Koste es was es wolle, mein Herr; laß es nicht zu, daß ich vor dir mit so leeren Händen stehe, da ja entsprechend der Werke die Belohnung gegeben wird. Schau hier mein Leben, meine Ehre und meinen Willen! Alles hab' ich dir gegeben, dein bin ich; mach' mit mir, wie es deinem Willen entspricht. Ich sehe ganz deutlich das Geringe, das ich tun kann, mein Herr; doch bei dir, ganz nahe bei dir, wo so viele Wahrheiten zu erkennen sind, und wenn du mich nicht verläßt, da vermag ich alles. Wenn du mich aber allein läßt, und sei es auch nur für einen Moment, dann ende ich dort, wo ich war, nämlich in der Hölle» (V 5,21).

Die «Hölle» ist für Teresa der Ort absoluter Gottferne, der zur Ewigkeit gewordene Zustand der Ohnmacht und Begrenztheit des Menschen. Bei der Beschreibung der Hölle, wie sie sie in der Höllenvision Anfang 1560 erlebt hat, ist die Heilige weitgehend von den Höllenvorstellungen ihrer Zeit abhängig[5], doch zeigen ihre Angaben auch eine durchaus eigenständige Deutung der Hölle.

«Der Eingang kam mir vor wie eine lange und enge Gasse nach Art eines sehr flachen, dunklen und engen Backofens. Der Boden erschien mir wie ein sehr schmutziger, morastiger Schlamm von pestartigem Gestank, voll von unzähligem häßlichem Gewürm. Am Ende befand sich eine in eine Mauer hineingehende Nische nach Art eines Wandschrankes, in den ich mich hineingezwängt sah. All das war für das Auge noch angenehm im Vergleich zu dem, was ich dort empfand. Das, was ich gesagt habe, ist jedoch schlecht ausgedrückt. Und das, was ich nun sagen möchte – ich glaube, daß es noch nicht einmal einen Ansatz geben kann, um es darzustellen noch daß man es verstehen kann. Ich empfand ein Feuer in meiner Seele, das zu beschreiben, wie es ist, über mein Verständnis hinausgeht. Die körperlichen Schmerzen waren dabei so unerträglich, daß alles noch so Qualvolle, was ich in diesem Leben erlitten habe, nichts ist im Vergleich zu dem, was ich da verspürte. Dabei gehören die Schmerzen, die ich durchgemacht habe, nach Aussage der Ärzte zu den heftigsten, die es auf Erden überhaupt gibt (da sich mir alle Nerven verkrampften, als ich gelähmt war, von den vielen anderen verschiedenartigen Schmerzen, die ich hatte, gar nicht zu reden, von denen einige, wie ich sagte, vom Bösen verursacht waren). All das ist nichts im Vergleich zu dem, was ich hier an Schmerzen erlitt, und dazu sollten diese höllischen endlos andauern und niemals mehr aufhören. Doch das ist noch nichts im Vergleich zum Todeskampf der Seele; das ist eine Beengung, eine Bedrückung, eine so spürbare Bedrängnis und ein so verzweifeltes und deprimierendes Angstgefühl, daß ich nicht weiß, wie ich mich ausdrücken soll. Denn wenn ich sagte, es sei so, als würde einem beständig die Seele herausgerissen, so ist damit wenig gesagt, da man in diesem Fall doch meinen kann, ein anderer beende einem das Leben; aber hier ist es die Seele selbst, die sich zerreißt. Es ist jedenfalls so, daß ich nicht weiß, wie ich diesen inneren Brand und diese Verzweiflung wegen solch großer Qualen und Schmerzen entsprechend beschreiben soll. Ich sah auch nicht, von wem ich das alles bekam, aber ich fühlte mich brennen und zermalmt werden – jedenfalls kam es mir so vor –, doch waren dieses Feuer und die innere Verzweiflung das Schlimmste. An diesem pestilenzialischen Ort, wo man so gar nicht auf einen Trost hoffen konnte, gibt es keinen Platz zum Hinsetzen und Hinlegen, auch wenn man mich in diese Art Wandloch hineingesteckt hatte. Diese Mauern nämlich, die schrecklich zum Anschauen sind, erdrücken und ersticken von selbst alles. Es gibt kein Licht, sondern alles ist schwärzeste Finsternis. Ich verstehe auch nicht, wie das möglich ist, denn obwohl kein Licht da ist, so sieht man doch alles, was dem Auge Qual bereiten muß» (V 32,1–3).

Alle diese schrecklichen Eigenschaften der Hölle werden von einer viel größeren Qual übertroffen:
«Ich sage euch in Wahrheit, daß ich, wie armselig ich auch sein mag, die Qualen der Hölle niemals gefürchtet habe, die nichts wären im Vergleich mit der Vorstellung, daß die Verdammten die so schönen, gütigen und lieben Augen des Herrn von Zorn erfüllt sehen werden. Ich glaube, daß ich das nicht aushalten könnte» (6 M 9,7).

Die Hölle, Zustand größter und endgültiger Gottferne, ihre Sinnlosigkeit und ihre Qual, zeigt am deutlichsten die Ohnmacht und die Begrenztheit des Menschen. Sie ist der Ort oder der Zustand unwiederbringlich verlorener Freiheit und Freundschaft mit Gott, Einsicht in den Sinn des Lebens. Der Mensch erfährt seine Begrenztheit, wenn auch nicht so absolut, ebenfalls, wenn er sich willentlich und bewußt von Gott entfernt, wenn er sündigt. Die Sünde ist nicht eigentlich eine Beleidigung Gottes, sondern eine Einschränkung der Freiheit des Menschen, ein Ausdruck seiner Ohnmacht und Begrenztheit. In der «Inneren Burg» beschreibt Teresa eine Seele im Zustand der Todsünde.
«Bevor ich nun weiterschreibe, möchte ich eure Gedanken darauf lenken, wie diese strahlende und herrliche Burg,

diese Perle des Morgenlandes, dieser Lebensbaum, der an den Wassern des Lebens, das Gott ist, selbst gepflanzt ist, aussieht, wenn ein Mensch im Stand der Todsünde lebt. Es gibt keine dichtere Finsternis, nichts noch Düsteres und Schwärzeres, als daß es diese Seele nicht noch viel mehr wäre. Ihr braucht gar nicht mehr zu wissen als das, denn da die Sonne selbst, die ihr so viel Glanz und Schönheit verliehen hat, noch in ihr wohnt, ist es, als wäre sie nicht mehr da, so daß die Seele von ihrem Glanz etwas abbekäme, obwohl sie doch durchaus die Fähigkeit hat, sich Seiner Majestät zu erfreuen, wie der Kristall in sich die Sonne erstrahlen zu lassen vermag. Da hilft ihr nichts. Von daher kommt es auch, daß alles Gute, das sie getan hat, ihr im Zustand der Todsünde keine Frucht bringt, um die Seligkeit zu erreichen. Weil die Sünde nämlich nicht aus jenem Urgrund hervorgeht, der Gott ist, wodurch unsere Tugend erst zur Tugend wird, sondern uns von ihm trennt, kann sie seinen Augen nicht angenehm sein, denn schließlich hat ja auch einer, der eine Todsünde begeht, nicht die Absicht, zu tun, was Gott gefällt, sondern dem Bösen zu gefallen. Der aber ist die Finsternis selbst, so daß auch die arme Seele zur selben Finsternis wird.

Ich kenne jemand[6], dem unser Herr zeigen wollte, wie es einer Seele ergeht, die eine Todsünde begeht. Die betreffende Person sagt, daß es ihrer Meinung nach für einen überhaupt unmöglich wäre zu sündigen, wenn er dies einmal begriffen habe, auch wenn er die größten Leiden, die man sich vorstellen kann, auf sich nehmen müßte, um den Gelegenheiten zu entfliehen. Gott gab ihr daher ein brennendes Verlangen, daß alle Menschen das verstehen sollten. Und so gebe ich es an euch weiter, meine Töchter, für die, die in diesem Zustand leben und die, wie ihre Werke, ganz zu Finsternis geworden sind, inständig zu Gott zu beten.

Wie bei einer ganz klaren Quelle die Bächlein, die ihr entspringen, genauso klar sind, so ist es auch eine Seele, die im Stand der Gnade lebt. Von daher kommt, daß alles, was sie tut, in den Augen Gottes und der Menschen wohlgefällig ist, da es dieser Quelle des Lebens entspringt, an der die Seele einem Baum gleich gepflanzt ist, der nicht die Frische und Fruchtbarkeit besäße, wenn sie ihm nicht von da zukämen. Diese erhalten ihn und bewirken, daß er nicht verdorrt, sondern gute Frucht bringt. So ergeht es auch der Seele: Wenn sie sich durch eigene Schuld von dieser Quelle entfernt und sich bei einer anderen mit pechschwarzem Wasser und widerlichem Geruch verwurzelt, so ist auch alles, was sie hervorbringt, von gleichem Unheil und Schmutz.

Hier ist jedoch zu beachten, daß die Quelle und die Sonne, die inmitten der Seele erstrahlt, ihren Glanz und ihre Schönheit nicht verliert, denn sie bleibt immer in ihr und nichts kann ihr die Schönheit nehmen. Aber wenn man über einen Kristall, der in der Sonne liegt, ein ganz schwarzes Tuch breitet, so ist klar, daß die Strahlen der Sonne, mögen sie noch so stark sein, sich an diesem Kristall nicht auswirken.

O Menschen, die ihr erlöst seid durch das Blut Jesu Christi! Erkennt euch selbst und habt Mitleid mit euch! Wie kann es sein, daß ihr dies erkennt, aber nicht darauf aus seid, dieses Pech von dem Kristall zu entfernen? Schaut, wenn euer Leben zu Ende geht, dann werdet ihr nie mehr in den Genuß dieses Lichtes kommen. Mein Jesus, was bedeutet es, eine Seele zu sehen, die von diesem Licht getrennt ist! Wie armselig werden die Gemächer der Burg! Wie verwirrt irren die Sinne umher, die darin wohnen! Und erst die Seelenkräfte, die die Burgvögte, Verwalter und Mundschenke sind – in welcher Blindheit und mit welch schlechtem Regiment leben sie dahin! Wie soll es auch anders sein, denn da der Baum da gepflanzt ist, wo der Böse ist, was für Früchte kann er da schon bringen?

Einmal hörte ich einen sehr geistlichen Menschen sagen, daß er sich nicht so sehr wundere über das, was einer, der im Stand der Todsünde lebt, tut, als vielmehr über das, was er nicht tut. Gott befreie uns durch seine Barmherzigkeit von einem solchen Übel, denn so lange wir leben, gibt es nichts, das diesen Namen Übel verdient außer diesem, da es ewige Übel ohne Ende nach sich zieht.

Das ist es, meine Töchter, vor dem wir uns in acht nehmen müssen und worum wir Gott in unseren Gebeten bitten müssen, denn wenn er nicht die Stadt bewacht, arbeiten wir vergeblich, da wir die Vergeblichkeit selbst sind. Der Mann, von dem ich gerade gesprochen habe, sagte auch, daß er aus der Gnade, die Gott ihm geschenkt hat, einen doppelten Nutzen zog. Der erste: eine ganz große Angst, ihn nicht zu beleidigen. Deshalb bat er ihn immer wieder neu, da er so Schreckliches erlebte, er möge ihn doch nicht fallenlassen. Der zweite Nutzen: einen Spiegel für die Demut, in dem er sah, daß das Gute, das wir tun, seinen Ursprung nicht in uns selbst hat, sondern jener Quelle entspringt, an der dieser Baum unserer Seelen gepflanzt ist, und jene Sonne widerstrahlt, die unseren Werken Wärme spendet. Er sagte weiter, daß ihm das ganz klar geworden sei, denn wenn er etwas Gutes tat oder geschehen sah, so achtete er immer darauf, wo es herkam, und er erkannte dann, wie wir ohne diese Hilfe nichts fertigbringen. Das brachte ihn dazu, Gott dann zu loben und im Normalfall gar nicht daran zu denken, daß er vielleicht etwas Gutes getan haben könnte» (1 M 2,1–5).

«Von der Seele, die nicht in der Gnade lebt, sage ich euch, daß es nicht deswegen in ihr so dunkel ist, weil ihr die Sonne der Gerechtigkeit fehlen würde, denn die ist in ihr und gibt ihr das Sein, sondern weil diese Seele nicht fähig ist, dieses Licht zu empfangen, wie ich, glaube ich, schon in der ersten Wohnung gesagt habe. Eine gewisse Person hat das erfahren, daß es diesen unglücklichen Seelen so ergeht, als lägen sie in einem dunklen Verlies, blind und stumm, an Händen und Füßen gefesselt, so daß sie nichts tun können, was ihnen zum Heil dienen würde. Mit Recht steigt in uns Mitleid mit ihnen auf, und wir sollten daran denken, daß es auch uns eine Zeitlang so erging, und daß der Herr auch mit ihnen Erbarmen haben kann.

Nehmen wir es besonders ernst, meine Schwestern, das von ihm zu erbitten und es nicht zu vergessen, denn es ist ein ganz großes Geschenk, für die zu beten, die im Stand der Todsünde leben, ein viel größeres, als wenn wir einen Christen sähen, der mit einer starken Kette mit den Händen nach hinten an einen Pflock gefesselt ist und vor Hunger umkommt, aber nicht, weil es nichts gäbe, von dem er essen könnte, denn um ihn herum gibt es die köstlichsten Speisen, sondern weil er sie nicht nehmen und an den Mund führen kann. Dabei spürt er noch einen starken Widerwillen und merkt, daß er so langsam stirbt, aber nicht einen Tod wie hier, sondern den ewigen. Wäre es nicht ein Zeichen von Unmenschlichkeit, dabeizustehen und das mitanzusehen und ihm nichts zu reichen, daß er essen kann? Und wenn sich durch eure Gebete seine Fesseln lösten? Da seht ihr schon, was zu tun ist. Aus Liebe zu Gott bitte ich euch, daß ihr bei euren Gebeten immer an Menschen denkt, die sich in einer solchen Lage befinden» (7 M 1,3–4).

Die Sünde trennt den Menschen von Gott und verhindert, daß das mystische Leben zur Entfaltung kommt. Der Mensch erfährt seine Ohnmacht dadurch, daß das intensive Erleben Gottes für ihn fast unerträglich ist. Dies zeigt Teresas Beschreibung des «dritten Wassers».

«Gehen wir nun dazu über, vom dritten Wasser zu sprechen, mit dem dieser Garten bewässert wird; es ist fließendes Wasser, das von einem Fluß oder einer Quelle herkommt, womit man mit viel weniger Mühe bewässert, obwohl das Ableiten des Wassers doch noch eine gewisse Mühe macht. Der Herr möchte dem Gärtner hier so sehr helfen, daß er fast die ganze Arbeit des Gärtners übernimmt und somit er es ist, der fast alles tut. Es kommt hier zu einem Schlaf der Seelenkräfte, die sich zwar nicht ganz verlieren, aber auch nicht mehr verstehen, wie sie arbeiten. Das Wohlbefinden, die Süße und die Wonne sind unvergleichlich größer als im zweiten Wasser, denn das Wasser reicht der Seele hier bis zum Hals – ich meine das Wasser der Gnade, so daß sie nicht mehr vorwärts noch rückwärts gehen kann und auch nicht weiß, wie sie gehen sollte; sie will nur noch diese erhabene Glorie genießen. Sie kommt sich vor wie einer, der die Kerze bereits in der Hand hat[7] und dem Tod, den er ersehnt, ganz nahe ist. In größter Wonne, die man sich überhaupt denken kann, durchlebt er diesen Todeskampf, der mir nichts anderes zu sein scheint, als allem abzusterben, was es auf der Welt gibt, und nur noch Gott zu genießen. Ich weiß nicht, wie ich es anders sagen oder ausdrücken soll, denn auch die Seele weiß nicht, was sie tun soll, ob sie sprechen oder schweigen, lachen oder weinen soll; es ist ein erhabenes Delirium, ein himmlisches Außersichsein, in dem man die wahre Weisheit vernimmt, es ist eine ganz wonnigliche Art, wie die Seele da genießt.

Diese Art des Betens schenkte mir der Herr in Überfülle, ich glaube vor fünf oder sechs Jahren sehr oft, ohne daß ich es begriffen hätte noch fähig gewesen wäre, darüber zu sprechen, so daß ich, als ich es erlebte, darüber nur sehr wenig oder nichts sagen konnte. Ich verstand wohl, daß es sich nicht um eine vollständige Vereinigung aller Seelenkräfte handelte, sah aber, daß es ganz eindeutig ein intensiveres Gebetsstadium war als das vorausgehende; ich gebe aber zu, daß ich nicht feststellen noch verstehen konnte, worin der Unterschied bestand. Ich glaube, ich verdanke es Ihrer Demut[8], da Sie sich auf eine so einfältige Person wie mich eingelassen haben, daß mir der Herr heute nach dem Kommunizieren dieses Gebet schenkte, ohne daß ich etwas hätte dazutun können, und daß er mir diese Vergleiche eingegeben und mir gezeigt hat, wie ich all das sagen soll, und was die Seele hier zu tun hat; das alles setzte mich in Erstaunen und wurde mir in einem Augenblick klar. Oft war ich wie außer mir und geradezu trunken von dieser Liebe, und konnte doch nie verstehen, wie das vor sich gegangen ist. Ich verstand zwar schon, daß es Gott war, aber verstehen, wie er hier am Werk war, das konnte ich nicht. Die Seelenkräfte, das ist wahr, sind fast ganz in diese Vereinigung mit ihm eingegangen, aber doch nicht so aufgesogen, daß sie nicht mehr am Werk wären. Es brachte mir höchste Wonne, das nun verstanden zu haben. Gelobt sei der Herr, der mir soviel geschenkt hat!

Die Seelenkräfte besitzen da nur noch die Fähigkeit, sich ganz mit Gott abzugeben, und es scheint, daß keine es mehr wagte, sich auch nur zu bewegen, noch wir sie dazu bringen könnten, sich zu rühren, außer wir wären darauf aus, uns mit großer Mühe abzulenken, was uns aber, glaube ich, auch nicht ganz gelänge. Man sagt hier viel zum Lob Gottes, jedoch ohne rechten Sinn (außer der Herr selbst schafft hier Ordnung, der Verstand jedenfalls taugt hierzu nicht); die Seele möchte in Lobrufe ausbrechen, und kann das alles gar nicht mehr in sich fasssen; sie erlebt in ihrer Ungeordnetheit eine immense Wonne.

Schon brechen die Blumen auf und verströmen ihren Duft. Die Seele möchte, daß alle sie sehen können und verstehen sollen, welch große Freude sie erfaßt hat, damit sie Gott lobten, und alle an ihrer Freude Anteil hätten, da sie allein diese Wonne nicht mehr aushalten kann. Mir kommt das alles so vor wie jener Frau im Evangelium, die ihre Nachbarinnen zusammenrufen wollte oder tatsächlich zusammenrief (Lk 15,6–9). So mußte, glaube ich, der bewundernswerte Geist des Königs und Propheten David empfinden, als er zum Lob Gottes auf der Harfe spielte und sang. Ich verehre diesen erhabenen König sehr und wünschte, daß alle das täten, besonders wir, die wir Sünder sind.

O mein Gott, wie ist einer Seele zumute, wenn sie das erlebt! Alles in ihr sollte Mund und Zunge sein, um Gott zu loben. Sie spricht tausend fromme Ungereimtheiten aus und bringt es doch immer fertig, den, der sie in diesem Zustand hält, zufriedenzustellen.

Ich kenne eine Person, der es, obwohl sie keine Dichterin war, gelang, in kurzer Zeit ausdrucksvolle Verse zu machen und so ihr Leid zu klagen. Diese Poesien entstammten nicht ihrem Intellekt, sondern in ihnen klagte sie zu ihrem Gott, um noch mehr die Freude zu erleben, die ein so wonnevolles Leid ihr verursachte.

Leib und Seele, so wünschte sie sich, hätten sich ganz zerreißen sollen, um die Freude zu zeigen, die sie in diesem
Leid fühlt. Was für Qualen gibt es dann noch für sie, die
sie nicht mit Wonne für ihren Herrn ertragen würde? Sie
versteht deutlich, daß die Märtyrer beim Erleiden der
Marter von sich aus nichts getan haben, denn die Seele
weiß gut, daß ihr von anderer Seite her Kraft zukommt.
Aber was wird sie fühlen, wenn sie wieder zu sich kommt,
um in dieser Welt zu leben und wieder auf ihre Sorgen und
Verpflichtungen stößt?

Bei allem aber glaube ich, habe ich noch nicht genügend
herausgestellt, daß alles hinter der Art der inneren Freude
zurückbleibt, die der Herr in diesem Elend eine Seele verkosten lassen will. Gepriesen bist du auf ewig, mein Herr;
alles lobe dich auf ewig! Mach' doch, mein König, ich bitte
dich darum, daß ich, wenn ich all das schreibe, durch deine
Güte und Barmherzigkeit nicht außerhalb dieses heiligen
himmlischen Außersichseins bin – so ganz ohne meine
Verdienste erweist du mir diese Gnade; mach' also jetzt,
daß alle, mit denen ich zu tun habe, von deiner Liebe
ebenso außer sich sind, oder erlaube mir nicht mehr, noch
mit jemandem zu tun haben zu müssen, oder sag' mir,
mein Herr, wie ich ohne etwas davon in dieser Welt leben
kann, oder aber hol' mich weg von ihr. Deine Dienerin,
mein Gott, kann solche Leiden einfach nicht mehr ertragen. Sie leidet, wenn sie doch noch leben muß, und möchte
keine Ruhe mehr in diesem Leben und sie auch nicht von
dir bekommen.

Eine solche Seele möchte vielmehr frei sein; das Essen
macht sie kaputt, das Schlafen erdrückt sie. Sie sieht, daß
ihr die Zeit ihres Lebens in Annehmlichkeit dahinläuft,
und daß ihr nichts außer dir angenehm sein kann; ihr ist

geradezu, als lebte sie gegen ihre Natur, denn sie will nicht mehr in sich selber, sondern in dir leben.

Du bist wirklich mein Herr und meine Freude! Welch leichtes und doch ganz schweres Kreuz hältst du für jene bereit, die bis hierher gelangt sind! Leicht, weil es süß ist; schwer, weil es manchmal vorkommt, daß es Leiden gibt, die man nicht mehr aushalten kann, doch gleichzeitig möchte man diese auch wiederum nicht missen, außer man wäre ganz bei dir. Wenn die Seele dann sieht, daß sie dir in nichts gedient hat, es aber doch in diesem Leben könnte, dann möchte sie noch viel mehr auf sich nehmen und bis ans Ende der Welt am Leben bleiben. Keinen Augenblick denkt sie auch daran, sich auszuruhen, wenn sie dir einen auch nur kleinen Dienst tun kann. Sie weiß nicht, was sie will, aber es ist ihr klar, daß sie nichts anderes will als dich.

Über diese Gebetsweise habe ich nun vernunftgemäß gesprochen, und darüber, was die Seele zu tun hat oder, besser gesagt, was Gott in ihr tut, denn er ist es ja, der die Arbeit des Gärtners übernimmt und will, daß sie glücklich ist. Der Wille braucht nichts anderes zu tun, als jene Gnaden anzunehmen, die er bereits genießt und offen zu sein für alles, was Gottes Weisheit mit ihm vorhat, und, sicher, dazu braucht es Mut! Der Genuß ist nämlich so überreich, daß es der Seele manchmal vorkommt, als würde sie aus diesem Leib scheiden; was für ein herrliches Scheiden wäre das!

Hier scheint das zu stimmen, was Sie schon sagten, daß man sich nämlich ganz in die Arme Gottes fallen lassen muß: wenn er uns in den Himmel erheben will, ist es recht, und wenn in die Hölle, so macht ihr das nichts aus, wenn ihr Gut mitgeht; wenn ihr Leben zu Ende sein soll, so ist sie damit einverstanden, und wenn sie noch tausend Jahre leben soll, dann auch. Möge Seine Majestät tun, was ihr beliebt, denn die Seele gehört sich schon nicht mehr selbst; sie gehört dem Herrn, alles andere kümmert sie nicht mehr. Bei einer so erhabenen Gebetsweise wie dieser, die Gott der Seele gibt, kann diese all das, ja noch viel mehr tun, da dieses Gebet solche Wirkungen hervorbringt, und sie spürt, daß der Verstand deswegen nicht müde wird. Das einzige, was sie zu tun scheint, ist, daß sie erstaunt ist, weil der Herr einen so guten Gärtner abgibt, indem er ihr nicht nur jegliche Mühe ersparen will, sondern noch darauf aus ist, daß sie sich an dem allmählich entströmenden Wohlgeruch erfreut. In einem noch so kurzen Augenblick gibt er, der Gärtner, der ja schließlich der Schöpfer des Wassers ist, ihr im Überfluß davon zu kosten. Und das, was die arme Seele mit großer Mühe und Anstrengung des Verstandes vielleicht noch nicht einmal in zwanzig Jahren geschafft hat, das vollbringt dieser himmlische Gärtner in einem Augenblick. Er läßt die Früchte wachsen und reifen, so daß sich die Seele, wenn der Herr das will, aus ihrem Garten ernähren kann. Aber noch erlaubt er ihr nicht, die Früchte an andere zu verteilen, bis sie sich mit dieser Nahrung so gekräftigt hat, daß sie nicht durch Verschenken selbst wieder arm wird und keinen Nutzen davon hat oder von denen, an die sie ausgeteilt hat, wieder etwas erhält, dafür aber in Gefahr ist, vielleicht zu verhungern, nur weil sie andere am Leben erhalten und ihnen auf ihre Kosten zu essen geben will.

Das alles verstehen diejenigen gut, die studiert haben und mir zu schreiben aufgetragen haben. Sie werden damit auch besser umgehen können als ich das auszudrücken vermag, obwohl ich mich darum bemühe.

Bei dieser Gebetsweise sind die Tugenden schon gefestigter als beim Gebet der Ruhe, und das kann der Seele nicht entgehen, da sie fühlt, wie sie eine andere geworden ist. Ohne zu wissen, wie das geht, beginnt sie Großes zu leisten, gestärkt durch den Wohlgeruch, den die Blumen verströmen, die der Herr für sie aufbrechen läßt, um sie die Tugenden, die sie hat, sehen zu lassen. Dabei sieht sie allerdings ganz klar, daß diese nicht ihr Werk sind, noch daß sie diese in vielen Jahren erwerben konnte, sondern daß der himmlische Gärtner sie ihr in diesem so kurzen Zeitraum geschenkt hat.

Hier ist die Demut, die sich der Seele einprägt, viel größer und tiefer, als im vorherigen Stadium, da sie ganz deutlich sieht, daß sie weder wenig noch viel getan, sondern nur zugestimmt hat, daß der Herr ihr Gnade erwies und sie diese bewußt und willentlich annahm.

Mir scheint, daß diese Gebetsweise eine gut fühlbare Vereinigung der ganzen Seele mit Gott ist, und weiterhin scheint es, daß Seine Majestät den Seelenkräften erlauben will, das Großartige erkennen zu können, was er da wirkt, und sich darüber zu freuen. Manchmal, ja oft kommt es vor – ich sage das deswegen, damit Sie Bescheid wissen, daß es so etwas geben kann und wissen, was das ist, wenn Sie es einmal erleben sollten; ich allerdings wußte nichts damit anzufangen – es kommt also oft vor, daß man deutlich sieht und spürt, wie der Wille ganz in Gott versunken ist und genießt; ich meine, man sieht deutlich, daß der Wille allein in großer Ruhe ist, während der Intellekt und das Gedächtnis so frei sind, daß sie sich ihren Geschäften und Werken der Nächstenliebe widmen können.

Auch wenn es so aussieht, als sei das alles dasselbe, so ist es hier doch anders als beim Gebet der Ruhe, von dem ich schon manches erwähnte, denn da verhält sich die Seele so, daß sie sich nicht bewegen noch rühren möchte, weil sie jenen heiligen Frieden der Maria genießt[9]; bei dieser Gebetsweise aber kann sie zugleich auch Marta sein (so daß sie fast gleichzeitig ein Leben in Aktion und Kontemplation führt) und Werke der Nächstenliebe tun und die Geschäfte erledigen, die ihr von ihrem Beruf her zukommen, und Bücher lesen, wenn auch Verstand und Gedächtnis nicht ganz Herr über sich selbst sind und deutlich verstehen, daß der bessere Teil der Seele ganz woanders ist. Es ist, wie wenn wir mit einem redeten, zugleich aber ein anderer mit uns redete, so daß wir uns weder dem einen noch dem anderen richtig widmen können. Das ist etwas, das man ganz deutlich spürt, und das eine tiefe Erfüllung und Freude schenkt, wenn man es merkt. Es hilft über die Maßen, daß die Seele zu wohliger Ruhe kommt, sobald sie Zeit zum Alleinsein und keine Geschäfte zu erledigen hat. Es ist so wie bei jemand, der ganz satt ist, also nichts mehr essen muß, sondern spürt, wie der Magen wohlig gesättigt ist und keine Speise mehr zu sich nehmen will, aber doch nicht so satt ist, daß er nicht doch gern mehr äße, wenn er Leckerbissen bekäme. So stellt die Seele nichts zufrieden, noch verlangt sie nach den Genüssen dieser Welt, denn sie besitzt in sich den, der ihr mehr Erfüllung ist; sie besitzt größere Freuden von Gott, das Verlangen, seinem Verlangen zu entsprechen, noch mehr zu genießen, ganz bei ihm zu sein – das ist es, was sie ersehnt.

Es gibt noch eine andere Art der Vereinigung, die noch nicht total, aber doch schon mehr ist als die, über die ich eben sprach, aber wiederum nicht so intensiv ist, wie die des dritten Wassers.

Es wird Ihnen recht sein, wenn der Herr Ihnen all diese

74

Dinge gewähren wird, falls Sie sie nicht schon haben, hier das beschrieben zu finden und zu verstehen, um was es sich handelt. Denn eine Gnade ist es, wenn der Herr einem diese Gnade schenkt, eine zweite ist es, zu verstehen, um was für eine Gunst und Gnade es sich handelt, eine dritte schließlich ist es, sie ausdrücken und verständlich machen zu können, wie sie ist. Auch wenn nur die erste nötig zu sein scheint, damit die Seele nicht durcheinander und ängstlich ist, sondern mit mehr Mut den Weg des Herrn geht und alle Dinge dieser Welt unter ihre Füße bringt, so ist es doch ein großer Vorteil und eine große Gnade, das alles zu verstehen. Für jede dieser Gnaden besteht Grund genug, daß jeder, der sie erhalten hat, den Herrn sehr lobe, und ebenso auch, wer sie nicht empfangen hat, und zwar dafür, daß sie Seine Majestät überhaupt einem der Lebenden gegeben hat, um uns von Nutzen sein zu können.

Nun passiert es aber gerade in dieser Art von Vereinigung, von der ich eben spreche, des öfteren (besonders mir, da mir der Herr häufig diese Gnade erwiesen hat), daß Gott den Willen an sich zieht und ich meine, auch den Verstand, denn er denkt nicht mehr weiter nach, sondern ist ganz dem Genießen Gottes hingegeben wie einer, der dasteht und schaut und so viel sieht, daß er nicht mehr weiß, wohin er schauen soll. Sobald er das eine sieht, verliert er das andere aus den Augen, so daß er letztlich gar nichts mehr sieht. Das Gedächtnis bleibt frei und mit ihm wohl auch die Phantasie, die, da sie sich allein sieht, einen Krieg entfacht und alles da mithineinzuziehen versucht, daß es zum Gotterbarmen ist. Mich macht das ganz fertig und ich scheue davor zurück, und oft bitte ich den Herrn, mir die Phantasie in diesen Augenblicken wegzunehmen, wenn sie mich so sehr verwirren soll. Manchmal sage ich ihm ganz einfach: ‹Wann wird denn meine Seele endlich ganz vereint sein zu deinem Lob und nicht mehr so zerrissen, ohne daß ich etwas dagegen vermag?› Hier sehe ich das ganze Übel, das uns die Sünde bringt, denn sie unterwarf uns derart, daß wir nicht mehr tun können was wir wollen, nämlich immer in Gott versunken zu sein.

Ich sagte, es passiert mir manchmal – und eben heute war es wieder, so daß ich noch alles frisch im Gedächtnis habe –, daß ich meine Seele hin- und hergerissen fühle vom Verlangen, mit ihrem größeren Teil vereint zu sein, was aber unmöglich ist; vielmehr entfachen das Gedächtnis und die Phantasie einen solchen Krieg, daß sie sich nicht mehr wehren kann. Auch wenn sie nichts fertigbringen, auch nichts Schlechtes, weil die beiden anderen Kräfte, Wille und Verstand, fehlen, so bewirken sie doch schon viel. Ich sagte «auch nichts Schlechtes», denn sie haben einfach keine Kraft, noch finden sie sich zusammen. Denn da der Verstand überhaupt nichts von dem aufgreift, was sie ihm vorstellen, finden sie sich nicht zusammen, sondern flattern mal hierhin, mal dorthin, wie kleine Nachtfalter, lästig und unruhig, so geht es von einem zum anderen. Mir scheint, daß dieser Vergleich ganz ausgezeichnet zutrifft, da es stimmt, daß sie zwar niemand etwas antun können, aber doch allen, die sie nur sehen, lästig sind.

Ich weiß nicht, wie man dem abhelfen kann, denn bis jetzt hat mir Gott da noch nichts zu erkennen gegeben, was ich wirklich gern annähme, da mir das oft schwer zusetzt, wie ich sagte. Es zeigt sich hier unser ganzes Elend, aber noch mehr die große Macht Gottes, denn die Seelenvermögen, die noch ungebunden sind, setzen uns zu und ermüden uns, die anderen aber, die schon mit Seiner Majestät vereinigt sind, bringen uns Erquickung.

Nachdem ich mich viele Jahre abgemüht hatte, habe ich schließlich auch hier eine Abhilfe gefunden, die ich schon beim Gebet der Ruhe genannt habe, daß man nämlich auf die Phantasie nicht mehr achtet als auf einen Narren, und sie mit ihrer Beschäftigung gewähren läßt, die ihr nur Gott wegnehmen kann; und letztlich wird sie doch als Sklavin enden. Wir müssen das mit Geduld ertragen, wie es Jakob mit der Lea tat, denn es ist eine große Gunst, die uns der Herr erweist, daß wir uns der Rachel erfreuen.

Ich sagte, daß die Phantasie als Sklavin enden wird, denn schließlich kann sie die anderen Vermögen der Seele nicht auf ihre Seite ziehen, mag sie sich noch so sehr darum bemühen, vielmehr holen diese sie ohne jede Anstrengung sehr oft auf ihre Seite. Manchmal gefällt es Gott, daß er Mitleid mit ihr hat, wenn er sie verloren und unruhig und voll Verlangen sieht, bei den beiden anderen zu sein; dann stimmt Seine Majestät zu, daß sie vom Feuer jener göttlichen Flamme erfaßt wird, in dem die beiden anderen schon zu Asche verbrannt sind und ihr natürliches Wesen schon fast verloren haben vor lauter übernatürlichem Genießen so erhabener Güter.

In all diesen Arten, über die ich in diesem Wasser der Quelle gesprochen habe, ist die Herrlichkeit und Ruhe der Seele so groß, daß an dieser Freude und Wonne der Leib einen beachtlichen Anteil hat, einen wirklich beachtlichen, und die Tugenden wachsen sehr, wie ich schon gesagt habe.

Es scheint mir, als habe der Herr diese Gebetsgnade, in der sich die Seele vorfindet, auf die klarste Art und Weise deutlich machen wollen, in der man sie auf dieser Erde hier erklären kann. Sprechen Sie mit jemandem darüber, der im geistlichen Leben Bescheid weiß und gelehrt ist und das alles schon selbst erfahren hat. Wenn er Ihnen dann sagt, daß alles richtig ist, dann glauben Sie, daß Gott das so gesagt hat und danken Sie Seiner Majestät, denn – ich sage es nochmals – im Lauf der Zeit wird es Ihnen Freude bereiten zu verstehen, worum es sich handelt. Wenn er aber Ihnen nicht die Gnade erweisen sollte, das zu verstehen, so gibt er Ihnen doch die des Genießens. Sobald Ihnen Seine Majestät diese erstere schenkt, werden Sie mit Ihrem Verstand und Ihrer Intelligenz aufgrund meines Berichtes verstehen. Er aber sei gepriesen in alle Ewigkeit, Amen» (V 16–17).

Angesichts der Größe und Liebe Gottes erfährt der Mensch seine Niedrigkeit und seinen Egoismus. Resignation und Distanz gegenüber Gott wären allerdings die falsche Reaktion. Der Mensch kann niemals Gott entsprechen, aber er kann sich immer mehr zu Gott hingezogen fühlen. So erfährt er sich hin- und hergerissen zwischen «Himmel und Erde», zwischen Gott und Welt. Dieses Gefühl der Unerlöstheit kommt im folgenden Text zum Ausdruck:

«Da der Herr Mitleid hat mit uns, die wir in einem Leben voll solcher Unsicherheiten, Versuchungen und Gefahren leben, so ist es gut, daß uns Seine Majestät sagt und lehrt, um was wir ihn bitten sollen, und er erbittet es für sich: ‹Sondern erlöse uns vom Übel. Amen!›

Ich sage, er erbittet das für sich, denn man kann gut sehen, wie er eigentlich von diesem Leben genug hatte, als er beim Abendmahl seinen Aposteln sagte, er habe mit Sehnsucht nach jenem Mahl verlangt, denn es sollte das letzte in seinem Leben sein; daran kann man gut erkennen, wie er von diesem Leben geradezu ermüdet war. Heute aber haben die noch nicht einmal genug davon, die hundert

Jahre alt sind, sondern wollen immer noch länger in diesem Leben bleiben. Es stimmt allerdings schon, daß wir es nicht so mühsam und ärmlich leben wie es der gute Jesus tat ...

Das ‹Amen› verstehe ich so, daß der Herr damit bittet, wir möchten für immer von allen Übeln frei werden, da ja alle Bitten und Dinge so beendet werden. Denn es ist unnütz, meine Schwestern, zu glauben, daß wir, solange wir leben, von den vielen Versuchungen, Unvollkommenheiten und sogar Sünden frei sein könnten; man sagt: wer glaubt, ohne Sünde zu sein, betrügt sich – und es ist tatsächlich so. Wenn wir an die Übel und Mühsale des Leibes denken: Wer hätte keine davon, die ihm auf vielerlei Weise zusetzen? Und es ist auch hier nicht das Bitten gemeint, davon ganz frei zu sein. So verstehen wir, worum wir hier bitten, denn dieses Reden ‹von allem Übel›, seien es körperliche Übel oder Unvollkommenheiten und Fehler im Dienst Gottes, scheint eine unmögliche Bitte zu sein. Von den Heiligen möchte ich allerdings das nicht sagen; sie werden alles vermögen in Christus, wie der hl. Paulus sagt. Aber die Sünder wie ich, die ich mich von Schwachheiten, Lauheiten, geringer Abtötung und vielen anderen Dingen umgeben sehe, spüre, daß ich gut daran tue, den Herrn um Abhilfe zu bitten. Ihr, meine Töchter, bittet wie ihr es für gut haltet; aber ich finde für mich keine Abhilfe auf dieser Erde, und so bitte ich den Herrn, daß er mich für immer von allem Übel befreie. Was für ein Gut können wir denn in diesem Leben finden, Schwestern, wenn wir ein so großes Gut nicht haben und fern von ihm leben? Erlöse mich, Herr, von diesem Schatten des Todes, erlöse mich von so vielen Mühsalen, erlöse mich von so vielen Leiden, erlöse mich von so vielen Unbeständigkeiten, von so vielen gesellschaftlichen Zwängen, denen wir in diesem Leben ausgesetzt sind, von so vielen, vielen, vielen Dingen, die mich langweilen und ermüden, daß sich der schon langweilen würde, der sie nur lesen müßte, wenn ich sie alle aufschriebe. Es gibt kaum jemand, der hier noch leben wollte. Diese Unlust zu leben wird wohl daher kommen, daß ich so schlecht gelebt habe und daß ich sehe, daß es auch in meinem Leben jetzt noch nicht so ist, wie es sein sollte. Mein Herr, erlöse mich von allem Übel und bringe mich doch bitte dorthin, wo alle Güter sind. Was haben wir noch hier auf Erden zu tun, die wir schon in etwa erfahren haben, was die Welt wirklich ist, und irgendwie doch an das glauben, was der ewige Vater uns bereithält? Ist es doch sein Sohn, der darum bittet und uns lehrt, worum wir bitten sollen; glaubt deshalb, daß es uns nicht gut bekommt zu leben, außer wenn wir uns danach sehnen, von allem Übel frei zu sein.

Diese mit brennender Sehnsucht und Entschlossenheit vorgetragene Bitte trägt sehr stark mit dazu bei, daß wirklich ein kontemplatives Gebet zustande kommt, und Gott die Seele an sich zieht, die bereits etwas von seiner Größe erfahren hat und diese nun ganz sehen möchte. Sie hat keine Lust mehr, noch weiter in diesem Leben zu bleiben, wo es so viele Hindernisse gibt für das Genießen eines solchen Gutes.

Sie sehnt sich danach, dort zu sein, wo die Sonne der Gerechtigkeit nicht mehr untergeht. Alles, was sie hier auf Erden sieht, kommt ihr dunkel vor, und ich bin erstaunt, wie man da auch nur eine Stunde leben kann; man wird es nicht in Zufriedenheit können. Als was für ein kleines Gut erscheint die Welt doch einem, der schon erfahren hat, wer Gott ist, und der hier auf Erden schon von seinem

Reich etwas bekommen hat und nicht mehr nach seinem eigenen Willen, sondern nach dem des Königs lebt!

Wie anders ist doch dieses Leben, daß man sich nichts anderes als den Tod wünscht! Wie anders ist doch der Wille Gottes als unserer! Jenem geht es um die Wahrheit, unserem um die Unwahrheit! Jenem geht es um das Ewige, unserem um das, was vergeht; jener ersehnt große und erhabene Dinge, hier ist alles niedrig und irdisch; jener bietet Sicherheit, hier herrscht der Zweifel. Alles ist Geschwätz, Töchter, nur nicht, wenn wir Gott bitten, er möge uns für immer von allem Übel befreien. Da wir schon nicht in aller Vollkommenheit danach streben, bemühen wir uns doch wenigstens, diese Bitte vorzutragen. Was kostet es uns, viel zu bitten, da wir einen, der mächtig ist, bitten? Es wäre doch wirklich eine Schande, einen großen Kaiser nur um ein paar Pfennige zu bitten. Und damit wir erreichen, um was wir bitten, überlassen wir es doch seinem Willen, was er uns geben möchte – unseren haben wir ihm ja schon gegeben – und für immer sei sein Name geheiligt im Himmel und auf Erden, und in mir geschehe sein Wille. Amen» (CE 72,2–6).

Teresa spricht, als halte sie gar nichts von der Welt, als möchte sie nur möglichst rasch aus der Welt verschwinden. Sie lehnt jedoch nicht die Welt als solche ab, sondern insofern sie Gott entgegengesetzt ist. Allerdings hat Theresa, wie alle Mystiker, Gott, seine Erhabenheit, Schönheit und Liebenswürdigkeit, sehr intensiv erfahren; bei der Beurteilung ihrer Aussagen muß man stets die Tiefe ihrer Erfahrung berücksichtigen. Ein Mystiker lebt in einer anderen Welt und sieht sein ganzes Leben in einer anderen Sicht. Trotzdem sind Mystiker keine weltfremden Menschen. An dieser Stelle soll nur darauf hingewiesen werden, daß

Teresa eine solche Erfahrung nicht nur im übernatürlichen Be-
reich, also beim Beten und Erleben Gottes gemacht hat, sondern
auch dann, wenn es um «irdische» Dinge ging, um ihre Grün-
dungen. Verstärkt wird dieses Ohnmachtsgefühl, wenn sie sich
bewußt macht, daß sie eine Frau ist.

«Seine Majestät möge uns reichlich seine Gnade schenken,
denn dann wird es nichts geben, das uns die Schritte nach
vorwärts hemmen könnte, um ihm zu dienen; seine Gnade
möge uns alle umfangen und weiterhelfen, damit durch
unsere Schwachheit ein so großer Neubeginn nicht verlo-
rengehe, der von ein paar so miserablen Frauen wie wir es
sind, und derer er sich bedient hat, seinen Ausgang genommen hat. Ich bitte auch, meine Schwestern und Töchter, in seinem Namen immer wieder darum zu bitten; jede,
die eintritt, soll sich bewußt sein, daß in ihr diese ursprüngliche Regel des Ordens der Jungfrau, unserer Herrin, von neuem zur Blüte kommen soll, und daß man unter
keinen Umständen irgendeine Laxheit erlauben solle.
Schaut, daß gerade die kleinsten Dinge das Tor für die
größten öffnen, und daß sich die Welt bei euch einschleicht, ohne daß ihr es merkt. Denkt an die Armut und
Mühsale, unter denen das zustande kam, was ihr jetzt in
Ruhe genießen könnt. Und wenn ihr es recht betrachtet,
dann werdet ihr sehen, daß die meisten dieser Häuser zum
Teil nicht Menschen gegründet haben, sondern die mäch-
tige Hand Gottes, und daß es Seiner Majestät gefällt, seine
Werke voranzubringen, wenn sie nicht durch uns blok-
kiert wird. Oder woher, glaubt ihr, hätte ein Weiblein wie
ich, Untergebene von anderen, die Kraft nehmen sollen
für solch große Werke, ohne auch nur einen Maravedí oder
jemanden, der mir geholfen hätte? Denn mein Bruder
[Lorenzo de Cepeda], der mir bei der Gründung in Sevilla

half[10], und der schon etwas besaß, vor allem Mut und ein gutes Herz, um zu helfen, war ja in Westindien» (F 27,11). «O mein Gott, was habe ich doch bei diesen Verhandlungen alles erlebt, die aussahen, als wären sie einfach unmöglich? Und wie leicht war es für Seine Majestät, alles aus dem Weg zu räumen? Und wie beschämend ist es für mich, wenn ich so bedenke, was ich erlebt habe, daß ich nicht besser bin als ich es halt bin? Jetzt, da ich dies [den Bericht über die Gründung des ersten Klosters der Unbeschuhten Karmeliten] niederschreibe, bin ich erst so richtig erstaunt und möchte, daß der Herr allen kund tue, daß das, was wir Geschöpfe bei diesen Gründungen geleistet haben, fast nichts ist. Der Herr war es, der alles angeordnet hat; die Anfänge waren so unbedeutend, daß nur Seine Majestät das ereichen konnte, was jetzt getan ist» (F 13,7).

«Die Priorin von Valladolid half so gut sie konnte, da ihr an der Gründung in Palencia sehr viel gelegen war[11]; aber als sie mich so schwach sah, bekam auch sie Angst. So soll jetzt die echte innere Glut mich ergreifen, denn weder Menschen noch die Diener Gottes bringen es fertig; daran wird man sehr oft erkennen, daß nicht ich es bin, die bei diesen Gründungen etwas getan hat, sondern er, der die Macht hat für alles» (F 29,5).

II. DER MENSCH ERFÄHRT GOTT

Der Mensch, der seine Grenzen erfährt, hat zwei Möglichkeiten, darauf zu reagieren: Entweder er versucht, seine Kräfte und seinen Einsatz zu steigern, um es doch noch zu schaffen. Die Mißerfolge und Katastrophen, die sich immer wieder ereignen, wären dann nichts anderes als Pannen, die man überwinden kann. Ein solcher Mensch kann es sich eigentlich nicht leisten, zu rasten und stillzustehen; er muß immer neue Höchstleistungen vollbringen und ist zugleich der bohrenden Frage ausgesetzt, ob seine Sicht der Welt, die er doch noch einmal zu einem Paradies umgestalten will, nicht vielleicht doch falsch ist.

Oder aber, und das wäre die zweite Möglichkeit, er sagt ja zu seiner Begrenztheit und erwartet Hilfe und Beistand, die letzte Sinngebung für sein Leben von woandersher. Falls es einen übermenschlichen Bereich gibt, und falls der Mensch zu einem über-menschlichen Wesen Du sagen kann, vermag er Antworten auf die letzten Fragen seines Lebens erhalten. Er kann sich gelassener geben bei der Bewältigung seiner persönlichen und der großen Probleme der Welt. Aus dieser Gelassenheit heraus, aus dem Bewußtsein, daß es nicht nur auf ihn allein ankommt, kann er letztlich mehr erreichen und mehr zur Verbesserung der Welt beitragen als jemand, der den Glauben an dieses über-menschliche persönliche Wesen nicht besitzt.

Ein solcher Glaube an die Allmacht Gottes zieht sich durch das ganze Leben Teresas. Er hat sie auch in der tiefsten religiösen Krise ihres Lebens, als sie aus einer falsch verstandenen Demut heraus das innere Gebet aufgab, nicht verlassen.

«Als ich einmal gerade beim Stundengebet war, kam ich bei dem Vers an ‹Gerecht bis du, Herr, und gerecht sind deine Gerichte›. Ich begann darüber nachzudenken, welch große Wahrheit das doch war, denn darin hatte der Böse niemals Gewalt über mich, um mich so sehr zu versuchen, daß ich daran gezweifelt hätte, daß du, mein Herr, alle Güter besitzt ebensowenig in irgendeiner Glaubenssache. Im Gegenteil, mir schien, daß ich etwas, je mehr es außerhalb der Naturordnung verlief, für um so sicherer hielt und dadurch zur Andacht gestimmt wurde. In deinem Allmächtigsein waren für mich alle Großtaten beschlossen, die du für mich getan hast, und daran besteht – wie ich sagte – für mich kein Zweifel» (V 19,9).

Dieser Glaube an Gottes Allmacht war für sie keine abstrakte Theorie, sondern wirkte sich konkret in ihrem alltäglichen Leben aus: Er gab ihr die Kraft, sich ihres Glaubens sicher zu sein.

«Ich halte es für eine der größten Gnaden, die mir der Herr erwiesen hat, daß er mir gegen die Dämonen diesen Mut gegeben hat. Wenn nämlich eine Seele eingeschüchtert und verängstigt ist – außer es sei aus Furcht,   Gott zu beleidigen –, ist das etwas ganz Schlimmes. Wir haben einen allmächtigen König und einen so großen Herrn, der alles vermag und alle unterwirft. Es gibt nichts zu fürchten, wenn wir in Wahrheit vor Seiner Majestät leben und ein reines Gewissen haben; davor allerdings möchte ich, daß wir uns alle fürchten, nämlich, daß wir ihn auch nur in einem Punkt beleidigen, ihn, der uns in demselben Punkt vernichten kann; wenn Seine Majestät mit uns ist, dann gibt es niemanden mehr, der gegen uns ist, ohne daß er sich selbst schadet.

Man kann darauf gut entgegnen, daß das so ist, aber welcher Mensch ist so in Ordnung, daß er Gott ganz und gar zufriedenstellt und deshalb nicht zu fürchten hat? Ich gewiß nicht, denn ich bin so armselig und nutzlos und voll von tausend Armseligkeiten. Aber Gott handelt nicht so wie die Menschen, sondern versteht unsere Schwäche, und es gibt genug Hinweise, durch die eine Seele in sich fühlt, daß er sie in Wahrheit liebt. Wenn nämlich ein Mensch so weit gekommen ist, dann bleibt die Liebe da nicht mehr verborgen wie am Anfang, sondern ist mit großem Verlangen und der Sehnsucht erfüllt, Gott zu schauen. Alles ermüdet sie, alles ist ihr lästig, alles setzt ihr zu, wenn es nicht mit Gott oder für Gott ist. Es gibt da kein Ausruhen, das nicht ermüden würde, denn sie sieht sich fern von ihrer wahren Ruhe. Das ist so deutlich, daß es nicht unbemerkt geschehen kann.

Ein anderes Mal passierte es mir, daß ich mitten in großen Widerwärtigkeiten und Redereien steckte – wegen einer bestimmten Angelegenheit, über die ich später noch schreibe – fast von seiten der ganzen Stadt, in der ich lebe, und meines Ordens; und wie ich aus vielerlei Anlässen so richtig niedergeschlagen und beunruhigt war, sagte mir der Herr: ‹Warum fürchtest du dich? Weißt du nicht, daß ich allmächtig bin? Ich werde alles erfüllen, was ich dir versprochen habe›, was später auch eintraf. Ich spürte daraufhin eine Kraft in mir, daß es mir schien, von neuem bereit zu sein, auch noch anderes zu unternehmen, um ihm zu dienen, auch wenn es mich noch mehr Mühen gekostet und bedeutet hätte, von neuem Leiden auf mich zu nehmen.

Das habe ich so oft erlebt, daß ich es gar nicht mehr zählen kann. Oft war es so, daß mir das Kritik eingebracht hat und noch immer einbringt, wenn ich Verfehlungen begehe, die ausreichen, um eine Seele zu zerstören, doch kommt wenigstens eine Besserung heraus, weil Seine Majestät, wie ich vorhin gesagt habe, guten Rat und Abhilfe schafft. Andere Male wiederum erinnerte er mich an meine Sünden von früher, besonders wenn er mir eine ganz bestimmte Gnade schenken wollte. Dann kam es mir vor, als befände ich mich schon beim letzten Gericht, weil mir die Wahrheit mit einer so deutlichen Erkenntnis vor Augen stand, daß ich nicht wußte, wo ich mich verbergen sollte; wieder andere Male machte er mich auf bestimmte Gefahren aufmerksam, die mich und andere Menschen betrafen, und sich auf die Zukunft, auf die Zeit drei oder vier Jahre danach bezogen, und alles hat sich erfüllt. Es kann sein, daß ich hier einige erwähne. So gibt es viele Anzeichen um zu verstehen, daß es Gott ist, daß man es meiner Meinung nach nicht übersehen kann» (V 26,1–2).

«Mein Jesus, wer könnte die Majestät verständlich machen, mit der du dich zeigst! Und wie spürt die Seele, daß du Herr der ganzen Welt und des Himmels und anderer tausend unzähliger Welten und Himmel bist, die du geschaffen hast! Und wie versteht sie, bei der Majestät, mit der du dich zeigst, daß es für dich nichts bedeutet, Herr von all dem zu sein.

Da sieht man ganz klar, mein Jesus, die geringe Macht aller Dämonen zusammen, verglichen mit deiner, und wie einer, der dich zufriedenstellt, die ganze Hölle mit Füßen treten kann. Da kann man sehen, warum die Dämonen zitterten, als du in die Vorhölle hinabstiegst, und sich in tausend andere viel tiefere Höllen hinabsehnten, um vor einer so großen Majestät zu fliehen. Dabei werde ich gewahr, daß du der Seele zu verstehen geben willst, wie groß sie ist, und wie erhaben die Macht ist, die diese heiligste Menschheit zusammen mit der Gottheit besitzt. Da zeigt sich auch gut, was es heißen wird, am Tag des Gerichtes die Majestät dieses Königs zu sehen, und wie sie gegen die Schlechten mit Strenge vorgeht; hier zeigt sich die echte Demut, die sich der Seele einprägt, wenn sie ihr Elend sieht, das sie einfach nicht übersehen kann; da überkommen sie Beschämung und echte Reue wegen ihrer Sünden, so daß sie nicht weiß, wo sie sich verstecken soll, auch wenn sie sieht, wie Gott sie liebt, und so löst sie sich ganz auf.

Ich meine, daß diese Vision eine so große Wirkung hat, weil der Herr der Seele damit viel von seiner Größe und Majestät zeigen will, daß ich es für unmöglich halte, daß dies die Seele durchstehen könnte, wenn der Herr ihr nicht auf übernatürliche Weise helfen würde, indem er sie in Verzückung und Ekstase entrückt, wo sie dann die Schau dieser Gegenwart Gottes vor lauter Freude verliert. Vergißt sie die aber tatsächlich? Nein, so sehr bleibt ihr jene Majestät und Schönheit eingeprägt, daß sie sie nicht vergessen kann, außer es gefällt dem Herrn, daß die Seele eine Zeit großer Unlust und Einsamkeit durchmacht, wie ich später noch zeigen werde, und es dann so aussieht, als vergesse sie Gott.

Die Seele ist bereits verwandelt und noch ganz trunken. Es ist ihr, soweit ich das sehe, als begänne aufs neue eine lebendige, ganz intensive Liebe zu Gott. Auch wenn die Vision, von der ich vorhin sagte, daß sie Gott unbildlich darstellt, erhabener ist, so ist es doch sehr wichtig, daß sich die Gegenwart Gottes uns bildlich darstellt[1], damit sie sich entsprechend der Begrenztheit unseres Gedächtnisses einprägt und den Verstand beschäftigt hält. Tatsächlich aber ereignen sich diese beiden Arten von Visionen immer gleichzeitig. Das geschieht deswegen, weil man mit den Augen der Seele die Einzigartigkeit, Schönheit und Glorie der allerheiligsten Menschheit schaut. Durch die andere Art von Vision aber, von der ich sprach, wird uns zu verstehen gegeben, daß da Gott ist, der mächtig ist, alles vermag, alles anordnet, alles lenkt und mit seiner Liebe erfüllt» (V 28,9).

Aus der Tatsache der Allmacht Gottes leitet Teresa wichtige Folgerungen ab. Es geht ihr auch hier nicht so sehr um die Feststellung einer dogmatischen Wahrheit, sondern um ein lebendiges Zeugnis.

«Gewiß, wenn einem Gebet etwas fehlt, um ein innerliches Gebet zu sein, so ist es nicht das, daß man den Mund geschlossen hält. Wenn ich beim Sprechen deutlich spüre, daß ich mit Gott mit mehr Aufmerksamkeit spreche als daß ich nur Worte vorbringe, dann sind mündliches und innerliches Beten beisammen. Falls man euch aber sagt, daß ihr mit Gott sprecht, wenn ihr das Ave Maria betet und dabei an die Welt denkt, dann sage ich dazu nichts mehr. Aber wenn ihr mit einem so großen Herrn sprechen wollt, wie es sich gehört, dann müßt ihr darauf achten, mit wem ihr sprecht und wer ihr seid.

Doch was ist das, mein Herr? Was ist das, mein Kaiser? Wie kann man das zulassen, Herrscher der ganzen Schöpfung? Du bist König, mein Herr, ohne Ende, da es kein geliehenes Königtum ist, das du innehast, sondern es ist dein Eigentum; es hat kein Ende. Gelobt bist du! Wenn man im Credo singt, daß deine Herrschaft kein Ende hat, so ist mir das fast immer Anlaß zu besonderer Freude. Ich lobe dich, mein Herr; ich preise dich, und alle Dinge sollen dich für immer loben, denn deine Herrschaft wird für immer bestehen. Niemals, mein Herr, mögest du es deswegen gutheißen, daß es nur mit dem Mund geschieht, wenn dich einer lobt oder mit dir zu sprechen hat.

Was ist das, ihr Christen? Versteht ihr euch denn selbst noch? Ich möchte meine Stimme erheben und als die, die ich bin, mit denen diskutieren, die sagen, innerliches Gebet sei nicht nötig. Mir ist klar, daß ihr euch selbst nicht versteht, noch wißt, wie überhaupt innerliches Beten ist, noch wie man mündlich beten soll und was Kontemplation ist, denn wenn ihr es wüßtet, würdet ihr nicht einerseits verurteilen, was ihr andererseits lobt.

Für mich gehören innerliches und mündliches Beten immer zusammen, wenn ich nur daran denke, damit sie euch nicht beunruhigen, Töchter. Ich weiß gut, wohin so etwas führt, und ich möchte nicht, daß euch jemand damit beunruhigt, da es zum Schaden gereicht, wenn man diesen Weg voll Angst geht. Es ist sehr wichtig für euch zu wissen, daß ihr auf dem rechten Weg seid. Wenn man nämlich einem sagt, daß er sich verirrt und den richtigen Weg verloren hat, dann wird er hierhin und dorthin laufen, und während er umhersucht, wohin er gehen soll, wird er müde, verliert Zeit und kommt später an. Wer wollte sagen, daß es nicht gut sei, wenn einer, der beginnt, das Stundengebet oder den Rosenkranz zu beten, sich Gedanken macht, mit wem er spricht und wer das ist, der spricht, um zu merken, wie er mit ihm umzugehen hat? Ich sage euch, Schwestern: Wenn man alles daransetzte, um diese beiden Dinge gut zu machen, so würdet ihr, noch bevor ihr mit dem mündlichen Gebet, dem Stundengebet und dem Rosenkranz beginnt, bereits viele Stunden in betrachtendem Gebet verweilen.

Es stimmt zwar: Wegen seiner Demut achtet mich dieser König, auch wenn ich in meiner Plumpheit mit ihm nicht richtig sprechen kann, nicht für gering, noch unterläßt er es, mich an sich zu ziehen, noch jagen mich seine Wachen fort. Die Engel, die bei ihm stehen, wissen gut genug, wie ihr König ist, daß ihm nämlich die Plumpheit eines demütigen kleinen Hirten lieber ist, der ja schon mehr sagen würde, wenn er mehr wüßte, als noch so spitzfindige theologische Lehrsätze, wenn ihnen die Demut fehlt. Aber gerade weil er so gut ist, dürfen wir noch lange nicht nachlässig sein. Wenigstens um ihm dafür zu danken, daß er es erträgt, in seiner Nähe so eine wie mich zu dulden, wäre es gut, seine Reinheit kennenzulernen und zu wissen, wer er ist. Es ist wahr, daß man ihn kennenlernt, wenn man zu ihm hingeht, wie bei den Herren hier auf Erden: Wenn uns einer sagt, wer sein Vater war, wie hoch sein Gehalt ist und welche Titel er führt, dann braucht man nicht mehr zu wissen, denn hier schaut man nicht auf die Menschen, um sie dann entsprechend zu ehren, mögen sie es auch noch so sehr verdient haben, sondern auf ihr Vermögen.

Arme Welt! Lobt Gott sehr, Töchter, daß ihr etwas so Niedriges verlassen habt, wo man nicht auf das achtet, was die Menschen in sich haben, sondern auf das, was ihre Pächter und Lehensleute haben, und wenn sie diese dann nicht mehr haben, gibt es auch keinen Grund mehr, sie zu ehren. Das ist etwas, worüber ihr euch wirklich freuen könnt, wenn ihr zusammen Rekreation haltet, denn das ist ein guter Zeitvertreib, wenn man versteht, wie blind die Menschen in der Welt ihre Zeit vertun.

König der Glorie, Herr der Herren, Kaiser der Kaiser, Heiliger der Heiligen, Macht über allen Mächten, Wissen über allem Wissen, die Weisheit selbst! Du, Herr, bist die Wahrheit selbst, der Reichtum selbst; niemals wirst du aufhören, König zu sein.

Ja, geht zu ihm hin, um bei ihm dann zu bedenken, mit wem ihr gerade redet. Wenn ihr tausendmal zu leben hättet, brächtet ihr es nicht fertig zu verstehen, wie es dieser Herr verdient, behandelt zu werden, da selbst die Engel auch vor ihm erzittern. Alles befiehlt er, alles vermag er; sein Wollen ist Werk. Da haben wir allen Grund, Töchter, uns so gut wir können wenigstens in etwa der Erhabenheit zu erfreuen, die unser Bräutigam hat, und zu bedenken, mit wem wir verheiratet sind, und was für ein Leben wir zu führen haben. O mein Gott, wenn hier einer heiratet, so sucht man zuerst zu erfahren, mit wem, wer er ist und was er hat. Wir sind schon verlobt, und zwar durch die Taufe, wie alle Seelen. Der Verlobte führe uns nun vor der Hochzeit in sein Haus; wenn man sich hier auf Erden solche Gedanken macht im Hinblick auf die Vermählung mit einem Mann, warum sollen wir sie uns nicht machen, damit wir uns darüber klar werden, wer dieser Mensch ist, wer sein Vater ist, wie das Land aussieht, in das er mich führen wird, welche Güter er mir zu geben verspricht, wie er selbst ist, wie ich ihn besser zufriedenstellen und ihm mehr gefallen könnte, und warum sollte ich mir nicht überlegen, wie ich mich ihm angleichen könnte? Wenn eine Frau sich gut verheiraten will, so sagt man ihr nichts anderes, als daß sie genau danach strebe, auch wenn ihr Mann von niedriger Abstammung ist, und um dich, mein Bräutigam, sollte man sich weniger kümmern als um Menschen? Wenn das den Menschen nicht gut scheint, dann sollen sie dir wenigstens deine Bräute lassen, die dieses Leben mit dir leben ...

Diese Wahrheiten zu verstehen, meine Töchter, das ist innerliches Gebet. Wenn ihr das immer besser versteht und dabei mündlich betet, dann ist es ganz gut. Sprecht nicht mit Gott, während ihr zugleich an andere Dinge denkt, denn das hieße genau, nicht zu verstehen, was innerliches Gebet ist. Ich glaube, daß das deutlich gesagt ist, so daß euch niemand mit solchen Befürchtungen kommen kann. Lobt Gott, denn er ist mächtiger als alle, und ihn können sie euch nicht nehmen. Die unter euch, die mit dieser innerlichen Anteilnahme nicht mündlich beten kann, soll wissen, daß sie ihre Verpflichtung nicht erfüllt, daß sie sich aber mit all ihren Kräften darum bemühen soll, wenn sie in Vollkommenheit beten will, oder aber riskiert, nicht zu tun, was der Braut eines so großen Königs zukommt. Bittet ihn, Töchter, daß er mir die Gnade gebe, das zu tun, was ich euch hier rate, denn mir geht davon noch viel ab. Seine Majestät möge es dem zuteilen, für den es bestimmt ist» (CE 37–38).

Der Glaube an die Allmacht Gottes eröffnet für sie das Tor zu noch größeren Gnaden:
«Ich wenigstens glaube, daß einer, der nicht glaubt, daß Gott noch viel mehr vermag und es für gut gehalten hat und es noch für gut hält, das manchmal seinen Geschöpfen mitzuteilen, daß ein solcher sich selbst die Tür verschließt, solche Gnaden zu empfangen. Deswegen passiere euch so etwas niemals, Schwestern, sondern glaubt, daß Gott noch viel, viel mehr vermag, und richtet euer Augenmerk nicht darauf, ob diejenigen, denen er solche Gnaden erweist, schlecht oder gut sind, da es Seine Majestät doch weiß, wie ich euch schon sagte. Es gibt keinen Grund, warum wir uns da einmischen sollten, sondern wir sollen Seiner Ma-

jestät in Einfachheit und Demut des Herzens dienen und sie wegen ihrer Werke und Wunder lobpreisen» (5 M 1,8).

Fehlender Glaube an die Allmacht Gottes ist eine Gefahr für das geistliche Leben. Der Mensch macht sich dann einen Gott nach eigenem Maßstab zurecht. Der Glaube an die Allmacht Gottes ist eines der Kriterien für die Echtheit einer mystischen Offenbarung:

«Das dritte Zeichen ist, daß diese Worte sehr lange nicht aus dem Gedächtnis schwinden – manche überhaupt niemals –, im Gegensatz zu den Worten, die wir hier auf Erden vernehmen, ich meine, die wir hier von Mitmenschen hören. Auch wenn sie von einflußreichen und gelehrten Menschen stammen, so bleiben sie doch nicht so sehr dem Gedächtnis eingeprägt, noch glauben wir so fest daran, wenn sie sich auf die Zukunft beziehen, wie an diese Worte Gottes, die eine ganz starke Gewißheit hinterlassen. Das geht so weit, daß manchmal in unmöglich erscheinenden Fällen einem der Zweifel ankommt, ob es so sein wird oder nicht, und daß selbst der Verstand ins Wanken gerät, daß aber dann trotzdem in der Seele selbst eine Sicherheit herrscht, die nicht zu erschüttern ist, auch wenn es manchmal so aussieht, als stünde alles im Widerspruch zu dem, was sie vernommen hat, und es vergehen Jahre, ohne daß sie der Glaube verläßt, daß Gott andere Mittel finden wird, die die Menschen nicht verstehen, und sich letztlich alles doch erfüllen muß – und es erfüllt sich auch. Auch wenn es ihr, wie ich schon sagte, nicht erspart bleibt, darunter zu leiden, da sie viele Ungereimtheiten sieht, denn da es schon lange her ist, daß sie die Worte Gottes gehört hat, und da die Ereignisse und die Sicherheit, die sie im Augenblick hatte, daß es Gott war, schon lange zurückliegen, steigen dann solche Zweifel auf, so daß sie denkt, daß es doch der Böse war, oder daß es von ihrer Einbildung kam; aber keines dieser Bedenken bleibt in ihr bestehen, vielmehr würde sie für diese Wahrheit sterben. All diese Ideen gibt der Böse der Seele wohl deswegen ein, um sie zu quälen und feige zu machen; und wenn es dann noch so ist, daß die Ausführung der Worte, die sie vernommen hat, den Seelen großen Gewinn bringt, oder daß es sich um Werke handelt, die Gott zur hohen Ehre gereichen und ein Dienst für ihn sind, und alles mit großen Schwierigkeiten verbunden ist, was wird da der Böse nicht alles unternehmen? Zumindest wird dadurch der Glaube schwächer, denn es ist ein großer Schaden, nicht zu glauben, daß Gott mächtig ist und auch Dinge tun kann, die wir mit unserem Verstand nicht begreifen» (6 M 3,7).

Zum Bild von Gott, dem Allmächtigen, gehört eine zweite Erfahrung; Teresa erlebte Gott, als den, der anders ist, als ihn sich die Menschen immer wieder vorstellen:
«Als ich eines Tages nach der Kommunion voller Zweifel und schon fast geneigt war, überhaupt keine Gründung mehr durchzuführen, flehte ich zu unserem Herrn, daß er mich doch erleuchten solle, daß ich in allem seinen Willen erfülle, denn so gering mein Eifer auch war, so war er doch niemals so abgeflaut, daß mir auch dieses Verlangen etwa gefehlt hätte. Da sagte mir unser Herr in einer Art Vorwurf: ‹Was fürchtest du denn? Wann habe ich dich jemals im Stich gelassen? Der gleiche, der ich immer war, bin ich auch jetzt. Unterlaß es nicht, diese beiden Gründungen durchzuführen!› Großer Gott, wie sind doch deine Worte so ganz anders als die der Menschen! So entschloß ich mich

und faßte von neuem einen solchen Mut, daß die ganze Welt es nicht vermocht hätte, mir Hindernisse in den Weg zu legen, und ich begann mit den Verhandlungen, unser Herr aber begann, mir Mittel zur Durchführung zu geben» (F 29,6).

Die Andersartigkeit Gottes kommt sehr anschaulich in den Reaktionen Teresas bei ihren mystischen Gotteserfahrungen zum Ausdruck:

«Großer Gott! Eine so armselige Kreatur wie ich muß doch *erzittern*, wenn sie von etwas spricht, das über das, was ich zu verstehen verdiene, so weit hinausgeht. Und es ist wahr, ich war *ganz durcheinander* und ich dachte daran, ob es nicht doch besser wäre, über diese Wohnung nur wenig zu schreiben, weil es so aussieht, daß man meinen könnte, ich wüßte das aus Erfahrung, und das macht mich zutiefst betroffen, denn da ich mich kenne, wie ich bin, ist dieser Gedanke etwas Schreckliches. Andererseits aber kam mir das wieder wie eine Versuchung und eine Schwäche vor. Und mögt ihr noch so viele Urteile über mich abgeben, bei allem sei Gott gelobt und ein klein bißchen mehr verständlich gemacht, mag sich die ganze Welt auch über mich ereifern. Das kümmert mich um so weniger, als ich vielleicht schon tot bin, wenn man das zu sehen bekommt. Der in Ewigkeit lebt und leben wird, sei gepriesen, Amen!» (7 M 1,2).

«Diese Vision habe ich noch dreimal erlebt. Meiner Meinung nach ist das die erhabenste Vision, die mir der Herr geschenkt hat, und sie brachte mir sehr großen Nutzen. Es scheint, daß sie die Seele zutiefst reinigt und von der Gebundenheit an unsere Sinne frei macht.[2] Es ist eine große Flamme, die die Sehnsüchte dieses Lebens zu verbrennen und zu vernichten scheint. Auch wenn diese bei mir, Gott sei Dank, nicht auf Eitles ausgerichtet waren, so wurde mir klar, daß alles Eitelkeit und die Herrschaft auf dieser Welt Eitelkeit der Eitelkeit ist. Das ist eine gute Lehre, um das ganze Verlangen auf die reine Wahrheit auszurichten. Davor bleibt einem eine solche Ehrfurcht eingeprägt, die ich nicht zu erklären vermag, aber sie ist so ganz anders als das, was wir hier auf Erden uns aneignen können. Das hinterläßt in der Seele ein großes *Erschauern*, wenn sie bedenkt, wie sie es wagte oder es überhaupt jemand wagen kann, eine so große Majestät zu beleidigen.

Schon mehrmals habe ich von den Wirkungen dieser Visionen und ähnlicher Dinge gesprochen, aber der Nutzen, so sagte ich, ist da immer mehr oder weniger gleich groß; doch bei dieser Vision ist er außerordentlich groß. Als ich zur Kommunion ging und an jene erhabenste Majestät dachte, die ich geschaut hatte, und nun sah, daß genau sie im Allerheiligsten Sakrament ist, und der Herr mich sie in der Hostie oft sehen lassen wollte, da *sträubten sich mir die Haare, und ich fühlte mich ganz vernichtet.*

Mein Herr! Wenn du deine Größe nicht verbergen würdest, wer wagte es, so oft zu kommen, um sich als etwas so Schmutziges und Armseliges mit dieser großen Majestät zu vereinen?» (V 38,18 f).

«Als ich einmal bei dieser heiligen Gesellschaft, die ich immer in mir trage, Einkehr hielt, war es mir, als wohnte Gott in mir, daß ich intensiv an die Worte des Petrus denken mußte: ‹Du bist Christus, der Sohn des lebendigen Gottes›, denn so erlebte ich den lebendigen Gott in mir.

Das ist nicht so wie bei anderen Visionen, denn sie stärkt den Glauben so sehr, daß man nicht daran zweifeln kann, daß die Dreifaltigkeit durch ihre Gegenwart, ihre Macht und ihr Wesen in unseren Seelen wohnt. Diese Wahrheit einzusehen, ist ein ganz großer Nutzen. Und wie ich so *erschrocken* war, daß ich eine so große Majestät in etwas so Niedrigem sah, wie es meine Seele ist, vernahm ich folgende Worte: ‹Sie ist nichts Niedriges, Tochter, denn sie ist nach meinem Bild gemacht.›

Auch verstand ich etwas davon, warum Gott sich an den Seelen mehr erfreut als an anderen Geschöpfen; aber das sind so diffizile Gründe, daß ich sie nicht anzugeben vermöchte, mag sie der Verstand auch schnell erfaßt haben» (CC 41 [R 54]).

«Vor Gott sieht die Seele nicht nur die Spinnweben und die großen Verfehlungen ihrer Sünden, sondern auch jedes noch so kleine Stäubchen, denn die Sonne ist sehr klar. Und so viel sich die Seele auch bemühen mag, um zur Vollkommenheit zu gelangen, *so sieht sie sich ganz schmutzig,* wenn diese Sonne sie wirklich erfaßt. Es ist wie mit dem Wasser in einem Glas: Wenn die Sonne nicht draufscheint, dann ist es ganz klar, aber wenn sie draufscheint, dann sieht man, daß es ganz trüb ist.

Dieser Vergleich trifft haargenau zu: Bevor die Seele in diese Verzückung gerät, meint sie, daß sie sich bemüht hat, Gott nicht zu beleidigen, und alles in ihrer Macht Stehende dazu getan zu haben. Aber sobald sie hierher gelangt ist, wo die Sonne der Gerechtigkeit auf sie trifft, so daß sie die Augen aufmachen muß, stellt sie soviel Stäubchen an sich fest, daß sie sie sofort wieder schließen möchte. Obwohl sie es dem Adler, der fest in die Sonne zu blicken vermag, noch nicht gleichtun kann, so sieht sie doch, auch wenn sie ihre Augen nur einen Moment lang aufmacht, wie schmutzig sie ist, und sie denkt an den Psalmvers: ‹Wer ist gerecht vor dir›?

Wenn sie diese göttliche Sonne anblickt, wird sie von ihrem Glanz geblendet. Sobald sie dann auf sich schaut, trübt der Schmutz ihr die Augen, so daß das Täubchen ganz erblindet. So passiert es oft, daß sie *ganz blind ist, außer sich, erschrocken* und *von Sinnen* ob so vieler Großtaten, die sie erlebt. Da erwirbt man echte Demut, da es ihr nicht darum geht, von sich Gutes zu sagen, noch für sie wichtig ist, was die anderen sagen. Der Herr ist es, der die Frucht aus dem Garten verteilt und nicht sie, und so bleibt davon nichts in ihren Händen, sondern alles Gute, das sie hat, geht auf Gott zu; wenn sie von sich etwas sagt, dann ist es für seine Ehre. Sie weiß, daß nichts in diesem Garten ihr gehört, und selbst wenn sie wollte, könnte sie das doch nicht vergessen, da sie es mit ihren eigenen Augen sieht. Auch wenn es ihr nicht recht wäre, läßt der Herr sie die Augen vor den Dingen der Welt verschließen, damit sie offen sind für die Erkenntnis dieser Wahrheiten» (V 20,28–30).

Die Andersartigkeit Gottes, verbunden mit Furcht und Schrekken, erfuhr Teresa, als sie die ersten außergewöhnlichen mystischen Phänomene erlebte:
«Als ich darüber nachdachte, wie du es in deiner Gerechtigkeit zuläßt, daß ganz eifrige Dienerinnen von dir, von denen es viele gibt, nicht die Gunsterweise und Gnaden empfingen, die du mir erweist, obwohl ich doch die bin, die ich eben bin, da hast du mir, Herr, geantwortet: ‹Diene du mir und misch dich nicht in solche Dinge ein!› Das war das erste Wort, das du mir gesagt hast, und *es setzte mich in großes Erstaunen»* (V 19,9).
«Als ich einmal gerade dabei war, den Hymnus ‹Veni Creator Spiritus› zu beten, überkam mich eine so ungestüme Verzückung, daß sie mich fast meiner Sinne beraubt

hätte, ein Erlebnis, an dem ich ganz und gar nicht zweifeln kann, da es zu offensichtlich war. Dabei vernahm ich die Worte: ‹Ich will nicht, daß du noch mit Menschen Umgang pflegst, sondern nur noch mit Engeln›. Mich *versetzte das in großen Schrecken*» (V 24,7).

«Als ich einmal am Festtag des glorreichen hl. Petrus im Gebet verweilte, sah ich, oder besser gesagt, fühlte ich neben mir, was ich weder mit den Augen des Körpers noch der Seele sah, aber doch war es mir, als stünde neben mir Christus, und ich sah, daß er es war, der mit mir sprach, wie mir schien. *Mir verursachte diese Vision anfangs einen großen Schrecken,* da ich gar nicht wußte, daß es so etwas überhaupt geben konnte, und so tat ich nichts anderes als weinen, auch wenn dann ein einziges Wort der Beruhigung von ihm ausreichte, mich wie sonst auch ruhig und froh sein zu lassen, ohne alle Furcht. Mir war, als ging an meiner Seite immer Jesus Christus, doch da es keine bildhafte Vision war, konnte ich nicht feststellen, in welcher Form. Aber da er immer an der rechten Seite stand, spürte ich ihn ganz deutlich, und er war Zeuge von all dem, was ich tat, und niemals konnte ich vergessen, daß er mir nahe war, ob ich mich nun ein wenig sammelte oder sehr zerstreut war» (V 27,2).

Die Andersartigkeit Gottes, zeigte sich in seiner unergründlichen Art der Hinwendung und des Gutseins zum Menschen:
«Während sich die Braut zu Recht im heißersehnten Schatten ausruht, was bleibt ihr, wonach sie sich sehnen soll, wenn nicht immer nach diesem Gut? Ihr ist, als gäbe es nichts anderes mehr zu ersehnen, aber unser göttlicher König hält noch viel für sie bereit; er möchte nichts anderes, als jemanden zu finden, dem er seine Gaben austeilen

kann. Obwohl ich es euch schon oft gesagt habe – und ich möchte, daß ihr das nie vergeßt, Töchter –, unser Herr begnügt sich nicht damit, uns so wenig zu geben, wie wir uns wünschen; ich habe das an folgendem gesehen: Wenn einer beginnt, seine Bitten an Gott zu richten, er möge ihm doch Gelegenheiten geben, durch die er sich Verdienste erwerben und für ihn leiden kann, ohne daß dabei sein Verlangen über das hinausgeht, was er seiner Meinung nach mit seinen eigenen Kräften erreichen kann, dann schickt ihm der Herr so viel Leiden, Verfolgungen und Krankheiten, daß der arme Mensch gar nicht mehr weiß, wie ihm geschieht, und zwar deswegen, weil Seine Majestät ihm die Kräfte wachsen lassen kann, als Gegenleistung für die geringe Mühe, die es ihn kostete, sich zu entschließen. Das erlebte ich selbst, als ich noch sehr jung war, so daß ich manchmal sagte: Mein Herr, so viel wollte ich nicht. Aber Seine Majestät gab mir auch mehr Kraft und Geduld, und zwar derart, daß ich jetzt noch erstaunt bin, wie ich das alles durchstehen konnte, und ich wollte alle Schätze der Welt nicht für diese Mühen eintauschen» (MC 6,1).

«O Geheimnisse Gottes! Hier gibt es für unsere Überlegungen nichts anderes, als die Waffen zu strecken und zuzugeben, daß sie zur Erkenntnis der Großtaten Gottes nichts ausrichten. Hier tun wir gut daran, uns daran zu erinnern, wie er mit unserer Herrin, der Jungfrau, bei all ihrer Weisheit umging; und wie sie den Engel fragte: ‹Wie wird das geschehen?›, und er ihr antwortete: ‹Der Hl. Geist wird über dich kommen und die Kraft des Höchsten wird dich überschatten», und wie es keiner weiteren Dispute mehr bedurfte. Bei ihrem großen Glauben und bei ihrer Weisheit begriff sie sofort, daß sie nach all dem nicht mehr wissen mußte noch zu zweifeln brauchte. Nicht wie manche Gelehrten, die vom Herrn allerdings nicht auf diesem Weg des Glaubens geführt, noch vom Geist geleitet sind, sondern alles rational und mit Hilfe ihrer Überlegungen erklären wollen, daß es aussieht, als wollten sie mit ihrer Wissenschaft alle Großtaten Gottes begreifen. Wenn sie doch etwas von der Demut der heiligen Jungfrau lernten!» (MC 6,7).

Je näher die Seele Gott kommt und je inniger sie sich mit ihm vereinigt, desto unbegreiflicher wird Gottes Liebe.
«Die Seele aber, was macht sie unterdessen? Genau das ist es, was man nicht zu verstehen und noch weniger zu wissen vermag als das, was die Braut sagt: ‹Er ordnete in mir die Liebe›, denn sie zumindest, wenn sie liebt, weiß nicht wie, noch versteht sie, was es ist, das sie liebt. Die unermeßliche Liebe, die der König zu ihr hat, da er sie in diesen erhabenen Zustand versetzt hat, muß die Liebe dieser Seele mit sich vereinigt haben, und zwar so, daß es der Verstand nicht mehr zu begreifen vermag, und diese beiden Lieben eins geworden sind. Und nachdem die Liebe der Seele so wirklich und innig mit der Liebe Gottes vereinigt ist, wie kann das der Verstand dann noch verstehen? Den Verstand verliert sie in diesem Moment, der nie lange, sondern immer nur kurz ist, aus den Augen, und dann ordnet Gott die Dinge so, daß die Seele Seine Majestät jetzt und auch später zufriedenstellen kann, ohne daß der Verstand das begreift, wie ich sagte. Aber dann versteht er das gut, wenn er die Seele mit Kostbarkeiten und Tugenden geschmückt und verziert sieht, so daß er erstaunt ist und sagen kann: ‹Wer ist diese, die der Sonne gleich ist›?
Wahrer König, wie recht hatte doch die Braut, als sie dir diesen Namen gab, denn in einem einzigen Augenblick

kannst du Schätze verschenken und sie einer Seele geben, um sie für immer glücklich zu machen. Wie ordnet er in ihr doch die Liebe!» (MC 6,11).

Gott übertrifft die Erwartungen des Menschen weit, wenn dieser sich ihm schenkt, und bleibt doch immer frei in seinen Handlungen und beim Verschenken der Gnaden, ohne an eine bestimmte Ordnung gebunden zu sein.

«Da diese Wohnungen schon näher bei dem Ort sind, an dem der König wohnt, ist ihre Schönheit groß. Es gibt da so viel Kostbares zu sehen und zu verstehen, daß der Verstand gar nicht in der Lage ist, sich auch nur auszudenken, wie man vielleicht etwas so klar sagen könnte, daß es nicht ganz dunkel bleibt für die, die keine Erfahrung haben, denn wer sie hat, wird es sehr gut verstehen, besonders wenn er viel Erfahrung besitzt. Es mag so aussehen, als müsse man schon lange in den vorausgehenden Wohnungen gelebt haben, bevor man zu dieser gelangt; und wenn es auch das Normale ist, daß man in der gewesen sein muß, die wir eben beschrieben haben, so ist das doch keine starre Regel, wie ihr sicher schon oft gehört habt. Der Herr schenkt seine Güter wann er will und wie er will und wem er will; das bedeutet für niemanden eine Kränkung» (4 M 1,2).

Andersartigkeit bedeutet auch, daß Gott viel großzügiger austeilt als die Menschen zu erbitten wagen, «denn er ist nicht so kleinlich, daß er auf Geringfügigkeiten schaut» (CV 23,3).
Diese grundlegende Gotteserfahrung Teresas müssen wir vor Augen haben, wenn wir verfolgen, wie Gott für Teresa der Vertraute und der Freund wird, in einer Art und Weise, die überraschen könnte. Das bis jetzt gezeichnete Bild Gottes bleibt daneben jedoch bestehen.

Teresa sieht das Gebet, das das gesamte Leben des Menschen er-
fassen und umgestalten soll, als eine innige und sehr vertraute
Freundschaft mit Gott:

«Über das, was ich aus Erfahrung kenne, kann ich sprechen, und das ist folgendes: Einer, der zu beten begonnen
hat, soll es ja nicht mehr aufgeben, mag er auch noch so
viel Schlechtes tun, denn das Gebet ist das Heilmittel,
durch das er sich retten kann, während ohne es alles viel
schwerer ist. Er soll sich nicht vom Bösen versuchen lassen, wie es mir erging, und es aus Demut aufgeben, sondern er soll vielmehr daran glauben, daß die Worte des
Herrn nicht trügen können. Wenn wir ehrlich bereuen und
uns zudem vornehmen, ihn nicht mehr zu beleidigen, dann
wendet er uns wieder seine Freundschaft zu wie zuvor,
und er erweist uns von neuem die gleichen Wohltaten wie
zuvor, manchmal sogar noch mehr, je nachdem wie unsere
Reue ausfällt. Wer aber noch nicht begonnen hat zu beten,
den bitte ich um der Liebe des Herrn willen, doch nicht auf
ein so großes Gut verzichten zu wollen. Es gibt gar nichts
zu befürchten, sondern nur zu erwarten. Wenn es auch
nicht vorwärtsgeht, er sich aber um seine Vervollkommnung bemüht, um des Geschmackes und der Geschenke
würdig zu werden, die Gott solchen Menschen gibt, dann
wird er schon nach einem kurzen Gewinn den Weg zum
Himmel erkennen; und wenn er durchhält, dann hoffe ich
auf die Barmherzigkeit Gottes, daß er nicht einen zum
Freund genommen hat, der es ihm nicht vergelte.
Denn das innerliche Gebet ist meiner Ansicht nach nichts
anderes als ein Gespräch mit einem Freund, mit dem wir
oft und gern allein zusammenkommen, um mit ihm zu reden, weil wir sicher sind, daß er uns liebt. Und wenn ihr
ihn noch nicht liebt – denn um von einer echten Liebe und

beständigen Freundschaft sprechen zu können, müssen sich beide Partner auf einer gleichen Stufe treffen: Was den Herrn betrifft, so wissen wir schon, daß er in nichts fehlt, wir aber sind voller Fehler, sinnlich und undankbar – wenn ihr ihn also noch nicht liebt, könnt ihr es aus eurer eigenen Kraft heraus nicht fertigbringen, ihn entsprechend zu lieben, denn er ist so ganz anders als ihr; aber wenn ihr den großen Nutzen seht, der euch aus der Freundschaft mit ihm erwächst, und wenn ihr seht, wie sehr er euch liebt, dann nehmt ihr dieses Leid gern auf euch, daß ihr nämlich mit einem zusammen seid, der so ganz anders ist als ihr.

O unendliche Güte meines Gottes, ich sehe, wer du bist und von welcher Art ich bin. Und wenn ich das so sehe, o Wonne der Engel, dann möchte ich mich ganz in Liebe zu dir auflösen. Wie gewiß ist es doch, daß du den erträgst, der es zuläßt, daß du bei ihm bist! O was für ein guter Freund bist du, mein Herr, wie beschenkst du ihn, wie erträgst du ihn, und wie sehr ersehnst du, daß er sich dir gleichförmig macht, währenddessen du seine Andersartigkeit erträgst! Bedenke, mein Herr, jeden Augenblick, den einer in Liebe zu dir zubringt; bereits aufgrund einer kurzen Reue vergißt du die Beleidigungen, die er dir zugefügt hat. Das habe ich in meinem Fall ganz klar gesehen, aber ich verstehe nicht, mein Schöpfer, warum nicht die ganze Welt darauf aus ist, durch diese besondere Freundschaft zu dir zu gelangen: die Schlechten, die dein Leben noch nicht teilen, damit du sie gut machst, und sie es zulassen, daß du bei ihnen bist, und wenn es nur ein paar Stunden sind jeden Tag, auch wenn diese nicht bei dir sind, sondern mit tausenderlei Sorgen und Gedanken an die Welt erfüllt sind, wie es mir erging. Um dieser Anstrengung willen, die sie machen, weil sie sich gern in guter Ge-

sellschaft aufhalten – bedenke doch, daß sie in diesem
Punkt am Anfang noch nicht mehr vermögen, manchmal
noch nicht einmal nach längerer Zeit –, hältst du, mein
Herr, die Angriffe des Bösen von ihnen zurück, so daß
dieser jeden Tag weniger gegen sie vermag, und du ver-
hilfst ihnen auf diese Weise zum Sieg» (V 8,5–6).

*Ihren Schwestern, die aus Demut, wie sie meinen, sich weigern,
die ihnen von Gott geschenkten Gnaden anzunehmen, sagt sie:*
«Eine saubere Art von Demut ist mir das, den Herrscher
des Himmels und der Erde in meinem Haus zu haben, daß
er also kommt, um mir seine Gunst zu bezeigen und sich
mit mir zu erfreuen, und ich aus Demut ihn nicht emp-
fange, noch mich mit ihm abgeben oder nehmen will, was
er mir schenkt, sondern ihn allein lasse. Sorgt euch doch
nicht ab wegen dieser Demutserweise, meine Töchter,
sondern sprecht mit ihm wie mit einem Vater, einem Bruder, einem Herrn oder einem Bräutigam – entsprechend
der jeweiligen Situation –, denn er wird euch schon bei-
bringen, was ihr tun müßt, um ihn zufriedenzustellen.
Hört doch auf, euch dumm zu stellen! Bittet ihn, daß er
zu euch spricht, denn er ist euer Bräutigam, er soll euch
als solcher behandeln» (CV 28,3).

*Diese Sicht Gottes als des Freundes und Vertrauten tritt auch
zutage, wenn sich Teresa bei Gott für ihre Freunde einsetzt.*
«Als ich dort weilte, kam gerade ein Ordensmann dorthin,
eine wichtige Persönlichkeit [P. García de Toledo OP],
mit dem ich mich vor vielen Jahren mehrmals besprochen
hatte. Und während ich in einer Kirche seines Ordens, die
in der Nähe meines Klosters lag, der hl. Messe beiwohnte,
kam mir der Wunsch zu erfahren, wie es ihm in seinem

geistlichen Leben gehe, denn ich hätte es gern gehabt, daß er ein großer Diener Gottes wäre, und so ging ich also hin, um mit ihm zu sprechen. Da ich aber bereits ins Gebet versunken war, schien es mir nachher, als würde ich damit nur Zeit verlieren, und wer hätte mir auch aufgetragen, das zu tun, und so setzte ich mich wieder hin. Ich glaube, dreimal war es, daß sich das wiederholte.

Schließlich aber erwies sich der gute Engel stärker als der böse. Ich ging also hin und ließ ihn rufen, und er kam, um mit mir im Beichtstuhl zu sprechen. Wir begannen, uns gegenseitig über unser Leben zu erzählen, da es schon viele Jahre her war, seit wir uns gesehen hatten. Ich fing an, ihm zu erzählen, daß ich viele seelische Leiden durchgestanden hätte, er aber wollte unbedingt, daß ich ihm sagte, was das alles war. Ich sagte ihm, daß das geheime Dinge seien, die ich nicht weitererzählen wollte, worauf er antwortete, daß der Dominikanerpater, von dem ich schon gesprochen hatte [P. Pedro Ibáñez OP], ein guter Freund von ihm, es wisse und es ihm doch erzählen würde, so daß ich nicht viel drauf geben solle.

Es stand allerdings weder in seiner Macht, das Fragen aufzugeben, noch glaube ich, in meiner, nichts mehr zu sagen, denn bei aller Unlust und Scheu, die ich beim Reden darüber ihm und auch dem genannten Rektor [P. Gaspar de Salazar SJ] gegenüber empfand, hatte ich doch keine Schwierigkeit, es zu tun, sondern es gereichte mir zu großem Trost. Ich sagte es ihm also unter dem Siegel des Beichtgeheimnisses. Er kam mir noch klüger vor als früher, obwohl ich ihn immer für sehr intelligent gehalten habe. Ich freute mich an den großen Geistesgaben, die er besaß, durch die er viel Nutzen bringen könnte, wenn er sich Gott ganz hingäbe. Das ist nämlich eine Eigenart, die ich seit Jahren habe, daß es mir gefällt, wenn sich jemand, den ich gern habe, ganz Gott hingibt, und zwar wünsche ich das mit einer innerlichen Unruhe, daß ich mich manchmal gar nicht mehr beherrschen kann. Wenn ich auch möchte, daß alle Gott dienen, so ist doch dieser Wunsch bei Menschen, die ich gern habe, besonders groß, und so bestürme ich den Herrn für sie sehr. Und das tat ich auch bei dem Pater, von dem ich gerade spreche.

Er bat mich, ihn Gott doch sehr zu empfehlen; es wäre aber gar nicht nötig gewesen, mir das zu sagen, da es bei mir schon so war, daß ich gar nicht mehr anders konnte. Ich zog mich also an den Ort zurück, wo ich immer hinging, wenn ich allein betete, und begann in großer Sammlung mit dem Herrn zu sprechen, auf eine ganz einfältige Weise, wie ich es öfters mache, ohne dabei zu wissen, was ich sage, denn es ist die Liebe, die dann redet. Die Seele ist dann so außer sich, daß ich den Unterschied zwischen ihr und Gott gar nicht mehr beachte, denn die Liebe, mit der sie sich von Seiner Majestät geliebt weiß, läßt sie sich selbst vergessen, und es ist ihr, als lebe sie ganz in ihm, und wie etwas, das ohne jede Trennung ganz zu ihm gehört, spricht sie Ungereimtheiten aus. Ich erinnere mich, daß ich ihm diesmal folgendes sagte, nachdem ich ihn unter vielen Tränen gebeten hatte, jene Seele doch mit ganzem Eifer in seinen Dienst zu nehmen – denn obwohl ich ihn schon für gut hielt, reichte mir das noch nicht, da ich wollte, daß er sehr gut ist –; ich sagte dem Herrn also folgendes: ‹Mein Herr, du darfst mir diese Gunst nicht verweigern; schau doch, wie gut er ist, um uns Freund zu sein!›

O große Güte und Menschlichkeit Gottes! Wie schaust du nicht auf die Worte, sondern auf die guten Wünsche und den Willen, mit dem man sie ausdrückt! Wie duldest du es, daß so eine wie ich in so verwegenem Ton mit Seiner Majestät spricht» (V 34,6–8).

Der vertrauliche Umgangston mit dem Herrn bestimmt auch Teresas Beten für ihre Gründungsunternehmen, etwa bei der Gründung von San José in Avila 1562:
«In großer Niedergeschlagenheit betete ich manchmal: ‹Mein Herr! Warum trägst du mir unmöglich erscheinende Dinge auf? Daß ich eine Frau bin, mag ja noch hingehen, aber wenn ich nur frei wäre! So bin ich von allen Seiten gebunden, ohne Geld und Möglichkeiten, es zu bekommen, weder für das Breve noch für etwas anderes; was kann ich denn tun, mein Herr»? (V 33,12).

Über die vor der feierlichen Einweihung des Klosters in Salamanca aufgetretenen Schwierigkeiten berichtet sie:
«Es war schon bekanntgemacht worden, daß es der St. Michaelstag sein würde, an dem das Allerheiligste eingesetzt und die Festpredigt gehalten werden sollte. Es gefiel unserem Herrn, daß am Abend vor unserer Übersiedlung ein solcher Regenguß niederging, daß man die notwendigen Dinge nur mit Mühe herbeischaffen konnte. Die Kapelle war neu gebaut, aber so schlecht gedeckt, daß es fast überall hereinregnete. Ich sage euch, Töchter, daß ich mir an diesem Tag sehr unvollkommen vorkam. Da alles schon bekanntgemacht war, wußte ich nicht, was ich tun sollte, und fühlte mich deswegen völlig aufgelöst, so daß ich ganz vorwurfsvoll zum Herrn sagte, er solle mir entweder keine solchen Aufgaben auftragen oder diese Notlage beseitigen. Der gute Nicolás Gutiérrez, mit seiner unverwüstlichen Ruhe, sagte mir ganz gelassen, als ob nichts geschehen wäre, daß ich mich nicht aufregen solle, denn Gott

werde schon Abhilfe schaffen. Und so war es auch! Am Michaelstag, als die Leute kamen, brach die Sonne hervor, was mich mit großer Ehrfurcht erfüllte, und ich sah, daß dieser gute Mann mit seinem Vertrauen auf Gott besser dran war als ich mit meiner Aufregung» (F 19,9).

In ähnlichem, fast verwegenem Ton spricht sie mit dem Herrn, als es nach der Gründung von San José zu Schwierigkeiten kam und sie nicht wußte, wie es weitergehen sollte:
«Mein Herr! Dieses Haus gehört nicht mir, für dich wurde es errichtet; da nun niemand da ist, der die Verhandlungen führen könnte, möge es Eure Majestät selbst tun» (V 36,19).

Aus diesen Worten spricht eine unerhörte Vertraulichkeit. Dabei bat sie nicht etwa um hochgeistliche Angelegenheiten, sondern um durchaus irdische Dinge. Doch fehlen auch Bitten und Klagen wegen ihrer armseligen menschlichen Veranlagung, die es ihr nicht erlaubt, frei von Versuchung zu leben, nicht.
«Mein Herr und mein Gut! Warum willst du, daß man an solch einem armseligen Leben hängt? Es ist ja nicht möglich, kein Verlangen danach zu haben und dich zu bitten, daß du uns ihm entreißest, außer man hat die Hoffnung, es für dich zu verlieren und es wirklich für deinen Dienst einzusetzen» (3 M 1,2).

Höhepunkt der Erfahrung Gottes als Freund und Vertrauter ist ihre Feststellung, daß Gott die Liebe ist (MC 6,5), daß er die Menschen mehr liebt als diese sich selbst:
«Wie wurde doch deutlich, daß du mich viel mehr liebst als ich mich selbst liebe. Wie oft, mein Herr, hast du mich aus diesem so dunklen Kerker befreit, und wie schickte ich

mich wieder an, gegen deinen Willen dorthin zurückzukehren» (V 32,5).

«Das macht wahrlich, ohne Verstellung, der Herr mit uns, denn er macht sich zum Untergebenen und möchte, daß ihr die Herrin seid, und er ist euch ganz zu Willen. Wenn ihr fröhlich seid, betrachtet ihn, den Auferstandenen, denn allein die Vorstellung wie er aus dem Grabe erstand, wird euch froh machen. Und in welcher Klarheit und Schönheit, mit welcher Majestät, siegreich und froh! Wie einer, der siegreich aus dem Kampf zurückkehrt, in dem er ein großes Reich gewonnen hat, das er euch ganz geben will und damit auch sich selbst. Ist es daher zu viel verlangt, daß ihr einem, der euch so viel schenkt, manchmal euren Blick zuwendet?

Wenn ihr mühselig und traurig seid, betrachtet ihn im Ölgarten: Wie sehr war doch seine Seele betrübt, wenn er das selbst sagt und sich beklagt. Betrachtet ihn an der Geißelsäule, mit Wunden übersät und ganz zerfleischt aus lauter Liebe zu euch. Welche Leiden? Von den einen verfolgt, von anderen angespien, von seinen Freunden verraten und verlassen, ohne jede Hilfe, zitternd vor Kälte, allein in großer Einsamkeit, so daß ihr ihn abwechselnd trösten könnt. Oder betrachtet ihn mit dem schweren Kreuz beladen, wie man ihn noch nicht einmal verschnaufen ließ! Mit seinen schönen und mitleidsvollen Augen betrachtet er euch jetzt, voller Tränen, und vergißt seine Schmerzen, um euch zu trösten, nur weil ihr bei ihm seid, um ihn zu trösten und ihn anblickt.

Herr der Welt, mein wahrer Bräutigam! So könnt ihr ihn nennen, wenn sich euer Herz erweicht hat, ihn so zu sehen, und ihr ihn nicht nur anschauen wollt, sondern es euch auch Freude bereitet, mit ihm zu sprechen, keine vorformulierten Gebete, sondern einfach aus der Not eures Herzens heraus, denn dies liebt er sehr. In einer solchen Not bist du, mein Herr und mein Gut, daß du eine so Armselige wie mich zu dir läßt? Und doch sehe ich an deinem Gesicht, daß du dich über mich freust. Aber ist es möglich, mein Herr, daß die Engel dich allein lassen, und dich auch dein Vater nicht tröstet? Ja, so ist es, mein Herr, denn alles willst du für mich erdulden; was aber ertrage ich für dich? Warum beklage ich mich überhaupt? Wie erschütterte es mich, dich so zu sehen, daß ich alle Leiden, die kommen, ertragen will, mein Herr, und sie für ein großes Gut halten möchte, um dich ein bißchen wenigstens nachzuahmen. Wir wollen zusammen gehen, mein Herr; wohin du gehst, dahin muß auch ich gehen, und was du erduldest, das muß auch ich erdulden» (CV 26,4–6).

In Teresas Frömmigkeit nimmt Jesus Christus einen zentralen Platz ein und bestimmt das innige Gottesverhältnis. Im Gegensatz zu mancher spiritualisierenden Tendenz ihrer Zeit, hielt sie an einer konkreten, anschaulichen Verehrung der Menschheit Jesu Christi fest.

«Es setzte in mir eine viel größere Liebe ein, und ich hatte auch größeres Vertrauen zu diesem Herrn, da ich ihn sah wie einen, mit dem ich ständig im Gespräch bin. Ich sah, daß er, obwohl er Gott war, doch auch Mensch war, der sich nicht über die Schwächen der Menschen entsetzt, sondern unsere armselige Lage versteht, die aufgrund der ersten Sünde, deren Schäden er zu heilen kam, vielen Tükken ausgesetzt ist. Ich weiß wohl, daß er nicht so ist wie die, die wir hier als Herren haben, die ihr ganzes Herr-Sein auf eine gekünstelte Autorität gründen. Sie brauchen Sprechstunden und Vermittlungspersonen, die mit ihnen

sprechen. Wenn nun ein armseliger Kerl mit seinem Anliegen daherkommt, so muß er hierhin und dorthin laufen,
muß Beziehungen haben und sich abmühen, um mit ihm
sprechen zu können. Und wenn er es erst mit dem König
zu tun hat, dann dürfen arme und nicht adelige Leute mit
ihm gar nicht in Berührung kommen, sondern man muß
fragen, wer seine einflußreichsten Günstlinge sind, und sicher sind das nicht solche, die die Welt unter ihren Füßen
haben, denn jene sagen die Wahrheit und fürchten sich
nicht, da sie es auch nicht müssen. Solche taugen nicht für
das Hofleben, denn da kann man so etwas nicht brauchen,
sondern man muß schweigen, wenn etwas nicht gut
scheint, ja nicht einmal denken dürfen sie so etwas, wenn
sie nicht in Ungnade fallen wollen.

O König der Glorie und Herr aller Könige! Deine Königs-
macht steht nicht auf zerbrechlichen Füßen, sondern hat
kein Ende; bei dir braucht man keine Vermittler! Man
muß dich nur anblicken, dann sieht man, daß du bei deiner
Majestät allein den Namen ‹Herr› verdienst. Du brauchst
kein Begleitpersonal oder Leibwachen, um zu zeigen, daß
du König bist. Hier auf Erden ist ein König, der allein ist,
nur schwer als solcher erkenntlich; wenn er es auch noch
so sehr sein möchte, so wird man ihm doch nicht glauben,
wenn er nichts hat, was ihn von den anderen unterscheidet.
Es ist nötig, daß man es ihm ansieht, um es zu glauben, und
so ist es richtig, daß er diese unechte Autorität hat, denn
wenn er sie nicht hätte, gälte er gar nichts. Von ihm selbst
geht tatsächlich nicht der Eindruck von Macht aus, und so
muß ihm die Autorität von etwas anderem her zukommen.

Mein Herr, mein König, wer könnte deine Majestät, die
du hast, gebührend darstellen! Es ist einfach nicht möglich

zu übersehen, daß du der große Kaiser aus dir selbst bist, dessen majestätischer Anblick in Staunen versetzt; doch mehr aber erstaunt es, mein Herr, dabei auch deine Demut und Liebe zu sehen, die du einer solchen wie mir erweist. In allem kann man mit dir reden und sprechen, wie es uns gefällt, sobald nur einmal die erste Furcht und Scheu vor deiner Majestät überwunden sind, wobei dann die größere bleibt, dich nicht zu beleidigen, doch ist das keine Furcht vor der Strafe, mein Herr, denn die ist gar nichts im Vergleich zur Angst, dich wieder zu verlieren» (V 37,6).

Teresa erlebte Gott als den Gott Jesu Christi, der ihr bester Lehrer war:
«Es erging mir viele Jahre so, daß ich eine Menge Dinge las, aber nichts von all dem verstand, und lange Zeit war ich nicht fähig, auch wenn Gott es mir zu verstehen gab, das wieder weiterzugeben und zu erklären. All das kostete mich nicht wenig Mühe. Sobald es aber Seiner Majestät gefällt, läßt er einen in einem Punkt alles verstehen, so daß ich mich darüber wundere. Etwas kann ich wirklich sagen: Auch wenn ich mit vielen geistlichen Personen gesprochen habe, die mir das zu verstehen geben wollten, was mir der Herr mitgeteilt hatte, um es dann wieder weitergeben zu können, so war doch meine Ungeschicklichkeit so groß, daß mir all meine Bemühungen gar nichts halfen. Oder wollte vielleicht der Herr, da Seine Majestät immer mein Lehrer war – er sei für alles gepriesen, denn es macht mich ganz durcheinander, das in aller Wahrheit sagen zu können –, daß ich es nicht nötig hätte, jemandem deswegen zu Dank verpflichtet zu sein? Und ohne daß ich es wollte noch darum bat (denn auf so etwas war ich gar nicht aus, da das ja Tugend gewesen wäre, sondern mir ging es

um andere Dummheiten), gab mir Gott in einem Augenblick alles in aller Klarheit zu verstehen, und auch das Vermögen, es anderen mitzuteilen, und zwar so, daß sich alle wunderten, ich allerdings noch mehr als meine Beichtväter, denn mir war meine Ungeschicklichkeit viel mehr bewußt. Das ist erst seit kurzem so, und deshalb bemühe ich mich um nichts mehr, außer um das, was der Herr mir zu verstehen gibt, wenn es nicht etwas ist, das mein Gewissen betrifft» (V 12,6).

Damit alle gerettet werden, ist Gott in Jesus Christus Mensch geworden.
«Welch unsinnige Sache ist das doch, mein wahrer Gott, da du die liebst, die dich nicht lieben, denen entgegenkommst, die dich nicht anrufen, die heilst, die lieber krank sind und sich noch Krankheiten verschaffen! Du sagst, mein Herr, daß du kommst, die Sünder zu suchen. Das sind, mein Herr, die wirklichen Sünder. Schau nicht auf unsere Blindheit, mein Gott, sondern auf das viele Blut, das dein Sohn für uns vergossen hat; möge deine Barmherzigkeit in diesem Übermaß von Schlechtigkeit aufleuchten; schau doch, mein Herr, wir sind deine Geschöpfe; deine Güte und Barmherzigkeit mögen uns helfen» (E 8,3). «Aber was, wenn die Menschen wegen ihrer Gewohnheit, in diesem Feuer schon von klein an zu leben, es gar nicht merken, noch es ihnen in ihrer Kopflosigkeit gelingt, ihre große Not zu sehen, was für eine Abhilfe gibt es dann, mein Gott? Du bist in diese Welt gekommen, um solchen großen Übeln abzuhelfen. Beginne damit, mein Herr! Gerade in den schwierigen Situationen muß sich dein Erbarmen zeigen. Schau doch, mein Gott, wie deine Feinde an Boden gewinnen! Hab Erbarmen mit de-

nen, die es nicht mit sich selbst haben! Ihre unglückliche Situation hält sie derart gefangen, daß sie nicht zu dir kommen wollen. Komm deshalb zu ihnen, mein Gott! Ich bitte dich in ihrem Namen darum, und ich weiß, daß diese Toten wieder lebendig werden, sobald sie nur einmal verstehen und in sich gehen und dich verschmecken» (E 9,1).

Durch sein Leiden und seinen Tod hat Christus das Erlösungswerk vollbracht; die Passion Christi steht im Gebetsleben Teresas im Mittelpunkt, sie ist geradezu das tägliche Brot in ihrem Gebetsleben, und zwar bis in die erhabensten Gebetsstufen hinein. Jesus ist der Mittler zwischen den Menschen und dem Vater, vor den er ihre Bitten bringt, die er vervollständigt, wenn sie aufgrund der menschlichen Situation unvollkommen sind.

«Ich möchte die fragen, die aus Angst nicht um Leiden bitten, da dafür ja noch später Zeit sei, was sie sagen, wenn sie den Herrn bitten, daß sich an ihnen sein Wille erfüllen solle, außer sie sagen das vielleicht, weil es alle sagen, ohne es zu tun. Das, meine Schwestern, wäre bestimmt nicht gut. Schaut, hier erscheint der gute Jesus als unser Botschafter, dem es gefiel, zwischen uns und seinem Vater zu vermitteln, nicht ohne geringe Kosten seinerseits. Es wäre nicht recht, wenn wir unterließen, das, was er für uns anbietet, auch tatsächlich zu tun, oder aber wir reden lieber gleich gar nicht davon» (CV 32,3).

Christus als Mensch bewirkt die Vermittlung zwischen Gott und Mensch. Teresa hält an diesem Dogma fest, anders als andere geistliche Autoren ihrer Zeit. Sie meint sogar, daß die Menschen, die bei ihrer Betrachtung von der Menschheit Christi absehen wollen, nicht zum Gipfel der Gotteserfahrung gelangen können. «Etwas möchte ich hier sagen, das meiner Meinung nach wichtig ist. Wenn es Euer Gnaden[3] gut scheint, dann wird es Sie zur Vorsicht mahnen, was vielleicht nötig ist, da in manchen Büchern, die über das Gebet handeln, zu lesen ist, daß die Seele zwar nicht aus sich heraus in diesen erhabenen Stand gelangen kann, da alles etwas Übernatürliches ist, das der Herr in ihr wirkt, daß sie sich aber weiterhelfen kann, indem sie den Geist von allem Geschaffenen frei macht und ihn in Demut erhebt, nachdem sie viele Jahre den Weg der Reinigung gegangen ist und auf dem Weg der Erleuchtung Fortschritte gemacht hat.[4]

Ich weiß nicht, warum man ‹Weg der Erleuchtung› sagt; ich denke, es ist der Weg derer, die in der Vollkommenheit voranschreiten, und dazu empfiehlt man sehr, sich von allen leiblich-bildlichen Vorstellungen loszumachen und die Betrachtung der Gottheit anzustreben, da man sagt, daß für die schon weiter Fortgeschrittenen alles Bildhafte der vollkommenen Kontemplation hinderlich und hemmend ist, auch wenn es sich um die Menschheit Christi handelt. Man zitiert, was der Herr zu den Aposteln hinsichtlich der Herabkunft des Hl. Geistes sagte, kurz vor seiner Auffahrt in den Himmel.[5]

Mir scheint jedoch, wenn die Apostel Glauben gehabt hätten, wie sie ihn nach der Herabkunft des Hl. Geistes besaßen, daß nämlich Christus Gott und Mensch war, dann wäre ihnen die Menschheit Jesu kein Hindernis gewesen. Zur Mutter Gottes wurden diese Worte auch tatsächlich nicht gesagt, obwohl sie ihn doch mehr als alle anderen liebte.

Diejenigen, die diese Bücher schreiben, meinen also, daß jede bildhafte Vorstellung stören oder hemmen könnte, da es sich doch um etwas rein Geistliches handle, und daß sie in ihrer Betrachtung mit allen Kräften danach streben müßten, daß Gott sie von allen Seiten umgibt und sie ganz in ihn versunken sind.

Das kann, so will mir scheinen, manchmal ein guter Weg sein. Sich aber ganz von Christus zu trennen und seinen göttlichen Leib mit unseren Armseligkeiten und allem Geschaffenen in gleicher Weise zu betrachten, das kann ich nicht zulassen. Gott gebe, daß ich mich verständlich machen kann.

Ich möchte ihnen ja nicht widersprechen, denn es sind gelehrte und geistliche Männer, die wissen, was sie sagen, und Gott führt die Seelen auf vielen Wegen und Pfaden. Wie er mich geführt hat, nur das möchte ich hier sagen, und in das andere mich nicht einmischen, und auf die Gefahr hinweisen, in der ich mich befand, als ich daran war, mich nach dem zu richten, was ich gelesen hatte. Ich bin sicher, daß einer, der zur Vereinigung, aber nicht weiter gelangt ist (ich meine Verzückungen, Visionen und andere Gnaden, die Gott den Seelen schenkt), daß er das in den genannten Büchern Gesagte für das Beste halten soll, wie ich es auch tat. Wenn ich aber da geblieben wäre, dann, glaube ich, wäre ich nie dahin gekommen, wo ich nun bin, denn meiner Meinung nach ist das eine Täuschung; es mag ja sein, daß ich die Getäuschte bin, aber ich möchte sagen, wie es mir erging.

Da ich keinen Lehrmeister hatte und in diesen Büchern las, wodurch ich allmählich etwas zu verstehen glaubte – nachher aber verstand ich, daß ich aus den Büchern wenig entnehmen konnte, wenn der Herr mich nicht unterwies, weil ich einfach nichts verstand, und auch nicht wußte, was ich tat, bis mir es Seine Majestät durch die Erfahrung zu verstehen gab. Sobald ich begann, ein wenig übernatürliches Gebet zu haben, ich meine das Gebet der Ruhe, strebte ich danach, alles Bildhafte auszuschalten, obwohl ich es nicht wagte, die Seele zu erheben, denn das wäre mir bei meiner sonstigen Schlechtigkeit doch verwegen vorgekommen. Mir war jedoch, das Gefühl der Gegenwart Gottes zu erleben, und so war es auch; so bemühte ich mich, gesammelt bei ihm zu sein. Das ist ein wonnigliches Beten, wenn der Herr dabei hilft, und der Genuß ist groß.

Und da man diesen Gewinn und Genuß spürt, hätte es wohl niemanden geben können, der mich wieder zur Betrachtung der Menschheit hätte bewegen können, vielmehr erschien mir diese tatsächlich ein Hindernis zu sein.

Herr meiner Seele, mein Gut! Gekreuzigter Herr Jesus Christus! Kein einziges Mal denke ich daran, daß ich so etwas einmal gedacht habe, ohne daß mir das weh tut, und mir scheint, daß ich hier einen großen Verrat begangen habe, wenn ich das auch nicht wußte.

Mein ganzes Leben lang hatte ich eine große Verehrung zu Christus, denn was ich da vorhin sagte, ereignete sich bereits am Ende – ich meine, bevor mir der Herr diese Gnaden der Verzückungen und Visionen geschenkt hat – und dann hatte ich nur kurze Zeit diese Meinung; so kehrte ich immer wieder zu meiner Gewohnheit zurück, mich dieses Herrn zu erfreuen, besonders, wenn ich kommunizierte. Ich möchte vor meinen Augen immer sein Bild haben, wenn ich es schon nicht so, wie ich wünschte, meiner Seele einprägen kann.

Ist es möglich, mein Herr, daß ich auch nur eine Stunde den Gedanken haben konnte, daß du mir ein Hindernis zu einem höheren Gut sein könntest? Woher kamen mir denn all die Güter, wenn nicht von dir? Ich möchte ja nicht annehmen, daß ich dabei irgendeine Schuld gehabt hätte, denn das schmerzte mich sehr. Es war einfach Unwissenheit, aus der du mich durch deine Güte befreien wolltest, indem du mir jemand schicktest, der mich aus diesem Irrtum herausholte, und indem du dich mir dann so oft zu sehen gabst, wie ich später noch sagen werde, damit ich so noch klarer verstände, wie groß mein Irrtum war, und es den anderen sagte, was ich bereits tat und weshalb ich es hier auch niederschreibe.

Ich bin überzeugt, daß der Grund dafür, daß so viele Seelen nicht weiterkommen und zu keiner größeren Freiheit des Geistes gelangen, nachdem sie das Gebet der Vereinigung bereits erreicht haben, genau da liegt. Und wie mir scheint, gibt es zwei Gründe für diese meine Meinung; vielleicht ist es auch ganz falsch, was ich sage, aber was ich sage, das habe ich selbst erlebt, als es meiner Seele wirklich schlecht ging, bis ihr der Herr Licht gab; ihre ganze Freude war ihr nämlich genommen, und da diese fehlte, fand sie nicht mehr jene Begleitung, die sie nachher hatte, um mit den Leiden und Anfechtungen fertig zu werden.

Der erste Grund ist, daß der Verzicht auf die Betrachtung der Menschheit Christi das Zeichen geringer Demut ist, und das ist so versteckt und verborgen, daß man es nicht feststellt. Wird es noch jemanden geben, der hochmütig und armselig ist wie ich, daß er sich nicht ganz reich und beschenkt fühlt, wenn der Herr ihn mit dem hl. Johannes am Fuß des Kreuzes stehen läßt, nachdem er sich sein Leben lang in Buße, Gebeten und Verfolgungen abgemüht hat, die man sich nur denken kann? Ich weiß nicht, in welchem Kopf so etwas entstehen kann, es sei denn in meinem, damit nicht zufrieden zu sein, und so verlor ich gerade da viel, wo ich etwas hätte gewinnen können.

Wenn zuweilen unsere Veranlagung oder eine Krankheit es nicht angeraten sein lassen, an die Passion zu denken, weil das vielleicht schmerzlich wäre, wer hinderte uns daran, uns bei ihm als dem Auferstandenen aufzuhalten, da wir ihn doch im heiligsten Sakrament so nahe haben, wo er ja schon verherrlicht ist? Sollten wir ihn nicht betrachten, wie er ermüdet und zerschunden ist, blutüberströmt, ermattet von den Wanderungen, verfolgt von allen, denen er so viel Gutes getan hat, und verkannt von den Aposteln? Gewiß, nicht immer gibt es jemanden, der es fertigbringt, an so viele Leiden zu denken, wie er sie durchmachte, aber hier, bevor er zum Himmel auffuhr, ist er ohne Schmerzen, voller Glorie, die einen bestärkend, die anderen ermutigend, hier ist er als unser Gefährte im heiligsten Sakrament gegenwärtig, und es scheint, daß es nicht in seiner Macht liegt, sich auch nur einen Moment von uns trennen zu können. Wie lag es aber in meiner Macht, mein Herr, mich von dir zu trennen, um dir mehr dienen zu wollen! Als ich dich beleidigte, kannte ich dich noch nicht, aber zu denken, nachdem ich dich schon kennengelernt hatte, auf diesem Weg besser voranzuschreiten, was für ein schlechter Weg war das doch, mein Herr! Nun scheint es mir, daß ich schon ganz verirrt wäre, wenn du mich nicht wieder zurückgeholt hättest, denn als ich dich so nahe bei mir spürte, sah ich auch alle Güter. Es gab kein Leiden mehr, das ich nicht im Blick auf dich, wie du vor den Richtern standest, gern auf mich genommen hätte. Mit einem so guten Freund an der Seite, mit einem so kundigen Führer, der auch im Leiden vorausging, kann man alles durchstehen. Er hilft und stärkt zugleich; er versagt nie, er ist ein wahrer Freund! Mir ist klar, und ich habe das auch schon gesehen, daß Gott möchte, wenn wir ihm gefallen wollen, und er uns große Gnaden erweist, daß das durch seine heiligste Menschheit geschieht, in der sich, wie er sagte, Seine

Majestät erfreut. Ganz, ganz oft habe ich in dieser Hinsicht meine eigene Erfahrung gemacht, und der Herr hat es mir auch gesagt. Ich habe klar gesehen, daß wir durch dieses Tor eintreten müssen, wenn wir wollen, daß uns die erhabene Majestät ihre großen Geheimnisse zeigt.

Suchen Sie sich also keinen anderen Weg, mein Herr, auch wenn Sie auf dem Gipfel der Kontemplation stehen; auf diesem Weg gehen Sie sicher. Dieser unser Herr ist es, durch den uns alles Gute zukommt; er weist uns den Weg; wenn wir auf sein Leben schauen, dann haben wir das beste Vorbild. Was wollen wir mehr als einen so guten Freund an der Seite, der uns in Leid und Trübsal nicht allein läßt, wie es die Freunde dieser Welt tun? Glücklich, wer ihn in Wahrheit liebt und immer an seiner Seite hat! Schauen wir auf den hl. Paulus, der, wie es scheint, den Namen Jesu immer auf den Lippen führte, wie er ihn auch immer seinem Herzen eingeprägt hatte. Nachdem ich das verstanden hatte, habe ich mir einige Heilige, große Kontemplative, gut angeschaut, und sie gingen keinen anderen Weg: der hl. Franziskus beweist es mit seinen Wundmalen, der hl. Antonius von Padua mit dem Jesuskind auf dem Arm, der hl. Bernhard mit seiner Freude an der Menschheit Christi, die hl. Katharina von Siena und viele andere, die Sie besser kennen werden als ich.

Das Bildhafte auszuschließen bei der Betrachtung, mag schon richtig sein, gewiß, da es ja Menschen sagen, die so geistlich sind; aber dann muß meiner Meinung nach die Seele schon sehr weit fortgeschritten sein, denn vorher muß man den Schöpfer ganz klar durch die Geschöpfe suchen. Es kommt bei allem darauf an, wie die Gnade des Herrn in der einzelnen Seele wirkt; da möchte ich mich nicht einmischen. Was ich aber zu verstehen geben möchte ist, daß in diese Überlegung die heiligste Menschheit Christi nicht miteinzubeziehen ist. Und es ist wichtig, das gut zu verstehen, was ich auch besser verständlich machen möchte.

Wenn Gott alle Seelenvermögen aufheben möchte, wie wir es bei den bereits beschriebenen Gebetsarten gesehen haben, dann ist es natürlich klar, daß uns die Gegenwart der Menschheit Christi verläßt, auch wenn wir das gar nicht wollen. Dann aber kann man nur gratulieren und sagen: Welch glücklicher Verlust, denn er führt dazu, mehr von dem zu genießen, was man zu verlieren scheint, denn dann gibt sich die Seele in ihrer Liebe ganz dem hin, den sie mit Hilfe ihres Verstandes zu erkennen sich bemühte, und liebt nun, was sie nicht verstehen konnte, und genießt, was sie nicht so intensiv hätte genießen können, wenn sie sich nicht selbst verloren hätte, um, ich sage es nochmals, noch mehr zu gewinnen. Aber daß wir uns absichtlich und mit Fleiß daran gewöhnten, nicht mit allen Kräften diese heiligste Menschheit immer vor Augen zu haben – und gebe der Herr, daß es immer ist –, das, so meine ich, scheint mir nicht gut, sondern es ist, wie wenn die Seele sozusagen in der Luft spazierte, da sie keine Stütze zu haben scheint, so viel sie auch meint, von Gott erfüllt zu sein. Es ist ganz wichtig, den Herrn als Menschen an der Seite zu haben, solange wir als Menschen leben, und darin liegt der zweite Nachteil, den ich bereits erwähnte. Der erste ist, so sagte ich, ein Anzeichen geringer Demut, wenn sich nämlich die Seele erheben will, noch bevor es der Herr tut, und sich nicht mit der Betrachtung der Menschheit Christi zufrieden gibt, sondern Maria sein will, bevor sie sich mit der Marta abgemüht hat.[6] Wenn der Herr jedoch will, daß sie es sei, und sei es vom ersten Tag an, dann gibt es nichts zu befürchten, aber drängen wir nicht danach, wie ich es, glaube ich, anderswo schon gesagt habe. Dieses kleine Anzeichen geringer Demut, auch wenn es nichts zu sein scheint, richtet jedoch großen Schaden an, um auf dem Weg der Kontemplation weiterzukommen.

Zum zweiten möchte ich sagen, daß wir keine Engel sind, sondern einen Leib haben. und Engel sein zu wollen, solange wir auf dieser Erde sind – und so fest auf der Erde wie ich –, ist Unsinn; der Verstand braucht, jedenfalls normalerweise, eine Stütze, wenn auch die Seele manchmal außer sich gerät und ganz gotttrunken ist, so daß sie nichts Geschaffenen mehr bedarf, um sich zu sammeln. Das ist aber nicht der Normalfall, denn bei Verhandlungen, Verfolgungen und Leiden ist Christus, wenn man nicht so viel Ruhe hat, und auch in Zeiten geistlicher Unlust, ein ganz guter Freund, da wir ihn als Mensch betrachten und ihn vielerlei Schwachheiten und Mühen unterworfen sehen, und so ist er uns ein Gefährte. Wenn man sich das erst einmal zur Gewohnheit gemacht hat, dann ist es leicht, ihn an der Seite zu spüren, wenn es natürlich manchmal auch vorkommt, daß man weder das eine noch das andere vermag. Deshalb gilt, was ich schon sagte: Daß wir uns nämlich nicht darum bemühen, geistliche Tröstungen zu erleben; mag kommen was will, wir stehen unter dem Kreuz, und das ist etwas Großes. Der Herr war ohne jeden Trost, sie ließen ihn in seinen Leiden allein; machen wir es nicht genauso, denn um höher zu steigen, wird er uns besser helfen als wir es bei aller Anstrengung fertigbringen, und er wird sich entfernen, wenn er sieht, daß es gut ist, oder wenn er die Seele außer sich sein lassen will, wie ich schon gesagt habe.

Gott hat große Freude an einer Seele, die in Demut seinen

Sohn zum Mittler nimmt und ihn so sehr liebt, daß sie sich, wie ich sagte, für unwürdig betrachtet, wenn Seine Majestät sie zu hoher Kontemplation erheben will und mit dem hl. Petrus spricht: ‹Geh weg von mir, Herr, denn ich bin ein sündiger Mensch!› Das habe ich selbst erlebt, und auf diesem Weg hat Gott meine Seele emporgeführt; andere mögen, ich sage es nochmals, einen kürzeren haben.

Was ich begriffen habe, ist, daß dieses ganze Gebäude des Gebetes auf der Demut begründet ist, und je mehr sich eine Seele in ihrem Beten herabläßt, desto höher führt sie Gott. Ich erinnere mich nicht, daß er mir einmal eine besondere Gnade erwiesen hätte, eine, von denen ich dann noch spreche, ohne daß ich nicht geradezu aufgelöst war, da ich mir so schlecht vorkam. Auch Seine Majestät tat von sich aus etwas dazu, mich Dinge verstehen zu lassen, um mir zu helfen, mich besser kennenzulernen, die ich mir gar nicht ausmalen könnte. Ich bin sicher, daß eine Seele, die ihrerseits etwas tut, um auf diesem Gebiet der Vereinigung weiterzukommen, auch wenn es ihr ab und zu von Nutzen zu sein scheint, daß eine solche Seele bald wieder am Boden liegen wird, wie ein Gebäude ohne Fundament. Ja, ich fürchte, daß sie niemals zur wahren Armut im Geist gelangen wird, was so viel heißen würde wie, keinen Trost und keinen Geschmack im Gebet zu suchen – die irdischen sind ja schon lange überwunden –, sondern den Trost aus Liebe zu ihm in den Mühsalen zu suchen, weil er immer darin lebte, was weiter bedeutet, in Zeiten geistlicher Unlust und Mühsal ruhig zu bleiben. Wenn sie auch etwas zu leiden hat, so gelangt sie doch nicht zu solcher Unruhe und Qual wie manche, die glauben, alles zu verlieren, wenn sie nicht immer mit dem Verstand tätig sind und Andachtsübungen verrichten – wie wenn sie sich durch ihre Anstrengungen ein so großes Gut verdienten. Ich sage nicht, daß man sich nicht darum bemühen solle, und daß sie nicht in Sammlung vor Gott stehen sollten, sondern daß sie nicht verzweifeln sollen, was ich ein ander Mal schon sagte, wenn sie auch nicht einen guten Gedanken fassen können. Unnütze Knechte sind wir. Was glauben wir fertigzubringen?

Der Herr will, daß wir das anerkennen und daß wir Eseln gleichen sollen, die mit dem Schöpfrad Wasser aus dem Brunnen heraufholen (wovon ich schon gesprochen habe) und die mehr Wasser heraufbefördern als der Gärtner mit all seinen Anstrengungen, auch wenn ihnen die Augen verbunden sind und sie nicht verstehen, was sie da tun. Gehen wir in Freiheit diesen Weg und lassen wir uns ganz in die Arme Gottes fallen; wenn uns Seine Majestät zu seinen Kammerdienern und Sekretären machen will, nehmen wir es gerne an; wenn nicht, dann dienen wir ihm in bescheideneren Ämtern und drängen nicht auf die besten Plätze, wie ich es schon einige Male gesagt habe. Gott gibt auf uns acht, besser als wir, und weiß, was für jeden recht ist. Was soll es eigentlich bedeuten, sich selbst führen zu wollen, wenn man seinen Willen schon ganz Gott übergeben hat? Soweit ich sehe, ist das hier viel weniger angebracht als auf der ersten Gebetsstufe und richtet auch viel mehr Schaden an, da es sich hier um übernatürliche Güter handelt. Wenn einer keine schöne Stimme hat, so kann er sie nicht verschönern, mag er sich beim Singen auch noch so bemühen; wenn Gott sie ihm aber geben will, dann braucht er sich nicht heiser zu singen, um sie zu verbessern.

Bitten wir ihn also immer darum, daß er uns Gnaden erweise, jedoch in Bescheidenheit, aber durchaus voll Vertrauen auf die Größe Gottes. Und da es der Seele erlaubt ist, zu Füßen Christi zu stehen, bemühe sie sich, hier nicht wegzugehen, mag sie nun stehen, wie sie will. Sie mache es wie Maria Magdalena, und wenn sie dann gekräftigt ist, wird Gott sie schon auch in die Wüste führen.

Halten Sie sich, Euer Gnaden, an das, bis sie jemand finden, der mehr Erfahrung hat als ich und es besser weiß. Wenn es aber jemand ist, der gerade beginnt, Gott zu verkosten, dann glauben Sie ihm nicht, wenn er meint, besser voranzukommen und mehr zu genießen, wenn er sich selbst weiterhilft. Wie zeigt sich Gott, wenn er will, ganz offen ohne diese armseligen Hilfen! Soviel wir auch unternehmen, er entrückt den Geist, wie ein Riese einen Strohhalm aufliest, ohne daß wir dagegen ankämen. Was für eine Art zu glauben ist das doch, daß er warten würde, bis eine Kröte fliegt, wenn er will, daß sie das tut! Und noch schwieriger und unmöglicher scheint es mir, daß sich unser Geist erheben soll, wenn Gott ihn nicht erhebt, da er der Erde verhaftet und mit tausend Hindernissen beschwert ist, und ihm sein Wunsch, fliegen zu wollen, wenig nutzt. Wenn ihm dies von seiner Natur her auch mehr entspricht als der Kröte, so steckt er doch so im Schlamm, daß er aufgrund seiner eigenen Schuld dazu nicht mehr in der Lage ist.

Mit dem, was ich nun sage, möchte ich schließen: So oft wir an Christus denken, sollen wir immer auch an die Liebe denken, durch die er uns so große Wohltaten schenkte, und daran, wie groß seine Liebe zu uns ist, da er uns ein solches Geschenk machte, denn Liebe fordert wieder Liebe heraus. Und wenn wir auch erst am Anfang stehen und noch voller Fehler sind, bemühen wir uns doch, immer daran zu denken und uns zur Liebe aufzuraffen, denn wenn der Herr uns einmal die Gunst erweist, diese Liebe in unser Herz zu senken, dann wird uns alles leicht sein, und wir werden in kurzer Zeit und ohne viel Mühe vorankommen. Seine Majestät schenke uns das – er weiß ja, wie sehr wir das brauchen – wegen der Liebe, die er uns erwies, und die uns sein glorreicher Sohn durch so viele Leiden bewiesen hat. Amen!» (V 22,1–14).

Die Verehrung der Menschheit Christi als eines guten Freundes hat konkrete und praktische Folgen für das geistliche Leben Teresas: Jesus Christus wird für sie Weg und Vorbild:
«Es gibt so einige Mittel und Möglichkeiten, die manche Seelen haben, denen es als etwas Großes vorkommt, sobald sie dem Gebet der Ruhe näher kommen und von den Geschenken und Wohltaten zu kosten beginnen, die der Herr ihnen gibt. Es kommt ihnen dann nämlich als etwas Großes vor, dort in einem beständigen Genießen zu verweilen. Sie mögen mir aber glauben und sich nicht so sehr damit durchtränken, was ich anderswo schon gesagt habe, denn das Leben ist lang und bringt viele Mühsale mit sich; da müssen wir auf unser Vorbild Christus schauen, wie er sie ertrug, ebenso auf seine Apostel und Heiligen, damit wir sie in Vollkommenheit durchstehen können. Jesus ist ein sehr guter Weggefährte; von ihm und seiner heiligsten Mutter sollten wir uns nicht trennen. Er hat es gern, wenn wir mit seinen Leiden mitfühlen, wenn wir deswegen manchmal auch von unserer Freude und Wonne absehen müssen» (6 M 7,13).

Christus ist für Teresa Vorbild für verschiedene Tugenden:
«Lernen wir also, meine Schwestern, von der *Demut*, in der uns dieser unser guter Meister unterwies, und bittet

ihn, daß er mir doch verzeihe, da ich gewagt habe, über so erhabene Dinge zu sprechen. Seine Majestät weiß gut, daß mein Verstand nichts taugt, wenn er mir nicht beibrächte, was ich sagen soll. Dankt ihm dafür, Schwestern, denn er hat es sicher wegen der Demut getan, mit der ihr mich darum gebeten habt und es annehmt, von einem so schlechten Wesen wie ich unterrichtet zu werden» (CV 42,6).

«O mein Herr, mein König! Wer vermöchte sich jetzt die Majestät vorzustellen, die du innehast! Aber noch betroffener, mein Herr, macht es mich, zugleich deine *Demut* und *Liebe* zu sehen, die du einer erweist, wie ich es bin» (V 37,6).

«O mein Gott, Töchter! Wie viele Seelen wird wohl der Böse gerade hier schon verderben! All das und noch viel mehr, was ich noch nennen könnte, erscheint ihnen als Demut, und das kommt daher, weil wir uns selbst nicht verstehen. Der Böse verwirrt unsere Selbsterkenntnis, und wenn wir niemals von uns loskommen, dann wundert es mich gar nicht, wie uns das und noch anderes Angst macht. Deshalb sage ich, Töchter, richten wir unsere Augen auf Christus, unser Gut, und von ihm werden wir lernen, was wahre *Demut* ist, und von seinen Heiligen. Dann wird unser Verstand sich veredeln, wie ich bereits sagte, und die Selbsterkenntnis wird nicht niederträchtig und feig» (1 M 2,11).

Als Teresa sich bei der Gründung von San José über die rechte Form der Armut Gedanken machte – ob sie in absoluter Armut oder mit festen Einkünften gründen sollte –, setzte sie eine Gründung in vollkommener Armut mit folgender Begründung durch:
«So sehr ich mich auch über diese Frage mit anderen be-

sprach, so fand ich doch keinen, der meine Meinung geteilt hätte, weder meinen Beichtvater noch die Gelehrten, mit denen ich verhandelte. Sie nannten mir so viele Gründe, daß ich nicht mehr wußte, was ich tun sollte, denn da ich wußte, was in der Regel stand und sah, daß dies vollkommener wäre, konnte ich mich einfach nicht dazu durchringen, feste Einkünfte zu haben. Als sie mich schon mehrmals überredet hatten, ich mich aber erneut ins Gebet vertiefte und auf Christus am Kreuz blickte, wie er so arm und entblößt war, konnte ich es einfach nicht fertigbringen, reich zu sein. Ich bat ihn unter Tränen, er wolle es doch so lenken, daß ich wie er arm sein könne. Ich hatte so viele Bedenken, feste Einkünfte zu haben, und sah, daß diese die Ursache für Unruhe und sogar Zerstreuungen sind, daß ich aus den Diskussionen mit den Theologen nicht mehr herauskam. Ich schrieb an den Dominikaner, der bisher geholfen hatte. Er antwortete mit einem zwei Seiten langen Brief, in dem er Gegengründe und theologische Argumente anführte, um mich von seiner Meinung zu überzeugen, und sagte mir, daß er die Angelegenheit sehr intensiv studiert habe.

Ich antwortete ihm, daß ich mich nicht auf theologische Argumente stützen wolle, noch mir seine Wissenschaft in diesem Fall einen großen Gefallen erweise, wenn ich meine Berufung und das Gelübde der Armut, das ich gemacht hatte, und die Räte Christi nicht in aller Vollkommenheit erfüllte. Wenn er aber jemand kenne, der uns helfen könne, so würde mich das sehr freuen» (V 35,3–4).

Die Vertrautheit Teresas mit Christus, ihre Erfahrung Gottes als eines Freundes, wird auch in ihrer Schilderung des Leidens Christi deutlich. Sie zeichnet ein sehr anschauliches Bild der

psychischen und physischen Leiden, die Jesus während seiner
Todespassion erlitt – Verspottungen, Schmähungen, Tod am
Kreuz – wie auch der innerlichen Leiden – das Gefühl des Ver-
lassenseins von seinem Vater, seinen Jüngern, und vor allem das
Bewußtsein, daß es viele Menschen gibt, die von all diesen Lei-
den keinen Nutzen haben, weil sie nicht wollen.

«O ewiger Vater, schaut, so viele Verspottungen und
Qualen und soviel Unrecht kann doch nicht einfach vergessen werden. Mein Schöpfer, wie gibt es denn das, daß
ein so liebevolles Herz wie das deine es zulassen kann, daß
das, was dein Sohn aus so großer Liebe getan hat, um dich
zu besänftigen, da du ihn gesandt hast, um uns Liebe zu
erweisen, daß das alles für so gering geachtet wird, wie es
heute geschieht?» (CV 3,8).

«Heiliger Vater, der du bist im Himmel: Jemanden muß
es ja schließlich geben, der zugunsten deines Sohnes
spricht, da er niemals auf sich schaut. Wir wollen das sein,
Töchter, auch wenn es verwegen ist, weil wir doch so
armselig sind. Aber im Vertrauen darauf, daß uns der Herr
aufträgt, darum zu bitten, wollen wir im Gehorsam gegen
ihn im Namen des guten Jesus darum bitten. Was ist das,
mein Herr und mein Gott? Entweder du setzt der Welt ein
Ende oder du hilfst diesen großen Übeln ab, denn es gibt
kein Herz, das so etwas aushalten könnte, auch nicht unsere, die so schlecht sind. Ich bitte dich, ewiger Vater, laß
doch so etwas nicht zu. Schau doch, daß dein Sohn noch
in der Welt weilt. Um seinetwillen möge all das Schändli-
che, Abscheuliche und Unreine aufhören; bei seiner
Schönheit und Reinheit hat er es nicht verdient, in einem
Haus zu weilen, in dem es so etwas gibt. Unseretwegen
brauchst du es nicht zu tun, mein Herr, denn wir verdienen
es nicht, doch tu es deinem Sohn zulieb. Denn daß er nicht

mehr unter uns weilen sollte, das getrauen wir uns nicht zu bitten, denn was wäre dann mit uns? Wenn es nämlich etwas gibt, das dich versöhnt, dann ist er es! Da es aber doch irgendeine Abhilfe geben muß, so möge sie doch Eure Majestät bringen» (CV 35,3–4).

Dieses Gebet – Teresa betet zu Gott-Vater für seinen Sohn Jesus Christus – scheint verwegen. Es ist Zeugnis einer tiefen Intimität zwischen der Beterin und Gott. Es zeigt die uneingeschränkte Nähe zu Gott:

«Sohn Gottes und mein Herr! Wieviel schenkst du uns schon allein mit diesem ersten Wort? Du verpflichtest deinen Vater, diese Worte auch zu erfüllen, was nichts Geringes ist, denn da er Vater ist, muß er uns ertragen, mögen unsere Beleidigungen auch noch so schwer sein. Wenn wir uns ihm wieder zuwenden, so muß er uns wie dem verlorenen Sohn verzeihen, er muß uns in unseren Mühsalen trösten und uns versorgen, wie es eben ein solcher Vater zu tun hat, der einfach viel besser sein muß als alle Väter der Welt. Es kann gar nicht anders sein, als daß sich in ihm das alles gut erfüllt und er uns nach all dem Anteil an sich gibt und zu Erben einsetzt.

Schau, mein Herr: Was dich betrifft, so stellt sich dir bei der Liebe und Demut, die du zu uns hast, nichts in den Weg. Schließlich bist du ja auf der Erde und von ihr umgeben, denn du hast unsere menschliche Natur angenommen, so daß du, wie es scheint, einigen Grund hast, auf unseren Nutzen bedacht zu sein. Aber schau doch, dein Vater, der ist ja im Himmel, was du ja selbst sagst! Es gehört sich also, daß du auf seine Ehre schaust. Da schon du geopfert bist und somit von uns verachtet wirst, so laß doch wenigstens deinen Vater frei. Verpflichte ihn doch nicht zu so viel für Menschen, die so schlecht sind wie ich, die ihm nur so ungenügend zu danken weiß.

Guter Jesus, wie deutlich hast du doch bewiesen, daß du eins bist mit ihm und dein Wille der seine und sein Wille auch der deine ist! Wie klar ist doch diese Aussage! Wie großartig ist die Liebe, die du zu uns hast! Als du auf Erden weiltest, hast du dem Bösen verheimlicht, daß du der Sohn Gottes bist, und mit dem großen Verlangen, das du nach unserem Heil hast, bereitete es dir keine Schwierigkeit, für uns diesen großen Dienst zu tun. Wer konnte das tun außer dir, mein Herr? Ich verstehe nicht, wie der Böse durch dieses Wort nicht erkannt hat, wer du warst, ohne daß ihm ein Zweifel geblieben wäre. Zumindest sehe ich gut, mein Jesus, daß du wie ein guter Sohn gesprochen hast, sowohl für dich als auch für uns, und daß du so mächtig bist, um zu erreichen, daß im Himmel und auf Erden das geschieht, was du sagst. Gepriesen bist du für immer, mein Herr, denn du liebst es so sehr, zu schenken, daß sich dir dabei nichts in den Weg stellt« (CV 27,2–4).

Der Gedanke an das Leiden Jesu steht in der Lehre und Praxis des Betens Teresas im Mittelpunkt. Inneres Beten beginnt bei ihr mit dem Nachdenken über die Passion des Herrn:
«Folgende Art zu beten hatte ich: Da ich mit dem Verstand nicht diskursiv denken konnte, versuchte ich, mir Christus vorzustellen, und ich fühlte mich sofort besser, wie mir schien, beim Nachdenken über die Stellen, wo ich ihn am einsamsten sah. Mir war, daß er mich in seiner Einsamkeit und Niedergeschlagenheit, als einer also, der in Nöten war, zu sich lassen müßte» (V 9,4).
«Es geschah eines Tages, als ich wieder einmal ins Oratorium ging, daß mein Blick auf eine Statue fiel ... Es war

ein Schmerzensmann, übersät mit Wunden und Mitleid erregend. Als ich ihn sah, wurde ich innerlich aufgewühlt, ihn in so einem Zustand zu sehen, denn es kam da ganz gut zum Ausdruck, was er für uns litt» (V 9,1).

Im Zusammenhang mit dieser Gotteserfahrung Teresas – Gott, der Nahe, der Freund – steht ihr Glaube an die Realpräsenz des Herrn in der Eucharistie. Der feste Glaube an die eucharistische Gegenwart des Herrn half mit, daß Teresa Gott in dieser Intensität als den Vertrauten und Freund erfuhr.

«Seine Majestät gab uns diese Speise und dieses Manna der Menschheit, daß wir ihn finden können, wenn wir nur wollen; daß wir nicht länger vor Hunger sterben müssen, es sei denn aus eigener Schuld, und daß die Seele in diesem heiligsten Sakrament Geschmack und Trost finden kann. Es gibt keine Not, keine Mühsal, keine Verfolgung, die wir nicht leicht überstehen könnten, wenn wir anfangen, von seinen Gütern zu verkosten.

Betet, Töchter, mit diesem Herrn zum Vater, daß er euch immer euren Bräutigam hierlasse, daß ihr also in der Welt nicht ohne ihn seid. Dazu reicht es, daß er unter den Gestalten von Brot und Wein verborgen dableibt. Bestürmt ihn, daß er euch nicht fehle, sondern die Gnade gebe, euch für den Empfang würdig vorzubereiten.

Um ein anderes Brot macht euch keine Sorge, da ihr euch ja ganz dem Willen Gottes übergeben habt; ich meine damit, daß ihr euch in den Zeiten des innerlichen Betens nicht darum sorgt, weil ihr da Wichtigeres zu verhandeln habt. Zum Arbeiten und Verdienen des Lebensunterhaltes gibt es dann schon auch Zeiten; aber bei aller Sorge darum, bemüht euch, zu keiner Zeit die Gedanken daran zu verschwenden, denn ihr sollt zwar körperlich arbeiten, um euch den Lebensunterhalt zu verdienen – und es ist gut, wenn ihr euch darum bemüht –, aber die Seele soll dabei ausruhen. Überlaßt die Sorge dafür – ich habe euch das ja schon ausführlich gesagt – eurem Bräutigam, der wird sich schon darum kümmern.

Es ist hier so, wie wenn ein Bediensteter seine Arbeit verrichtet: Er bemüht sich, in allem seinen Herrn zufriedenzustellen, aber dieser ist verpflichtet, ihm den Lebensunterhalt zu garantieren, solange er in seinem Haus lebt und ihm zu Diensten ist, außer der Herr ist so arm, daß er noch nicht einmal für sich genug hat. Diese Ausnahme gibt es aber in unserem Fall nicht: Unser Herr ist immer da, er ist reich und mächtig. Es wäre aber bestimmt nicht richtig, wenn der Bedienstete um seinen Lebensunterhalt bitten würde, obwohl er doch weiß, daß sein Herr dafür Sorge trägt und dazu auch verpflichtet ist. Mit Recht würde ihm dieser sagen, daß er sich um seine Dienste kümmern und diese zufriedenstellend verrichten soll, denn sich um den Lebensunterhalt zu sorgen, was ihm ja gar nicht zusteht, das wäre nicht richtig.

So soll, meine Schwestern, um dieses Brot bitten, wer will. Wir jedenfalls wollen den Ewigen Vater bitten, er möge uns Gnade geben, daß wir uns für den Empfang dieses unseres himmlischen Brotes entsprechend vorbereiten können. Wenn sich schon die Augen unseres Leibes seines Anblickes nicht erfreuen können, da er ja verhüllt ist, so enthülle er sich den Augen der Seele und gebe sich ihnen zu erkennen, denn er schenkt ein ganz anderes Glück und ganz andere Wonnen, und erhält das Leben.

Meint ihr, daß dieses heiligste Sakrament keine Speise für unseren Leib wäre, kein ganz wirksames Heilmittel auch für körperliche Leiden? Ich kenne eine Person mit vielen

Krankheiten und weiß, wie mit einemmal ihre großen Schmerzen, die sie litt, verschwunden sind und sie ganz gesund wurde, und zwar von Leiden, die ganz offensichtlich waren, und die sie nicht vortäuschen konnte. Aber diese Person besaß eine so große Frömmigkeit und einen so festen Glauben, daß sie jedesmal lachen mußte, wenn sie an manchen Festtagen andere sagen hörte, daß sie zu Lebzeiten Christi auf der Welt hätten leben wollen, denn ihrer Meinung nach besaß sie ihn im Allerheiligsten Sakrament genauso wie ihn die Menschen damals besessen haben, und was wollte sie noch mehr?

Ich weiß von dieser Person auch noch, daß es ihr viele Jahre lang beim Kommunizieren war, obwohl sie noch nicht sehr vollkommen war, als sähe sie mit den Augen ihres Leibes den Herrn in ihre armselige Herberge herniedersteigen, und so bemühte sie sich, ihren Glauben zu vertiefen, um sich, soweit es ihr möglich war, aller äußeren Dinge zu entledigen und sich mit ihm zurückzuziehen, da sie ja wirklich glaubte, daß der Herr in ihre armselige Wohnung käme. Sie schaute darauf, ihre Sinne zu sammeln, damit sie alle dieses so große Gut verstehen könnten, ich meine, die Seele nicht durcheinanderbrachten, um ihn kennenzulernen, und sie fühlte sich zu seinen Füßen sitzend und weinte mit Maria Magdalena, und es war ihr nicht anders als sähe sie ihn mit ihren leiblichen Augen im Haus des Pharisäers; und wenn sie auch kein frommes Gefühl dabei verspürt hatte, so sagte ihr doch der Glaube, daß sie da gut ruht.

Wenn wir uns also nicht dumm stellen und den Verstand abschalten wollen, dann gibt es keinen Grund zu zweifeln, denn hier geht es nicht um irgendeine Vorstellung der Phantasie, wie, wenn wir den Herrn am Kreuz oder in anderen Abschnitten der Passion betrachten, wenn wir uns vorstellen, wie sich alles ereignet hat. Das, was hier vor sich geht, ist einfach Wahrheit, und es ist nicht nötig, diese weit weg zu suchen, sondern hier wissen wir, daß der gute Jesus bei uns ist, daß wir zu ihm kommen können, solange die natürliche Wärme die Gestalten des Brotes nicht auflöst. Wenn es während seines Lebens auf Erden schon ausreichte, sein Gewand zu berühren, um gesund zu werden, was gibt es da zu zweifeln, daß er Wunder vollbringt, sofern wir Glauben haben, wenn er in mir lebt und uns gibt, worum wir ihn bitten, denn er weilt ja in unserem Haus? Und Seine Majestät bezahlt gewöhnlich nicht schlecht für die Herberge, wenn man ihn gut aufnimmt.

Wenn es euch leid tut, ihn nicht mit den Augen eures Leibes sehen zu können, bedenkt, daß dies für euch nicht gut ist, denn eine Sache ist es, ihn in seiner Herrlichkeit, eine andere ihn auf Erden wandeln zu sehen. Es gibt niemand mit unserer schwachen Natur, der das aushielte, noch gäbe es eine Welt, ja wirklich gar niemanden, der das überleben würde, denn beim Anblick dieser ewigen Wahrheit sähe man, wie alles, was uns hier beachtenswert erscheint, Lug und Trug ist. Und wenn ich eine so große Majestät sehe, wie sollte es eine erbärmliche Sünderin wie ich wagen, die ihn so sehr beleidigt hat, so ganz nahe bei ihm zu sein? Unter der Gestalt des Brotes ist es möglich, mit ihm umzugehen; denn wenn der König sich verkleidet, dann hat man ja auch den Eindruck, daß man ihm gegenüber nicht so viele Rücksichten und Umgangsformen zu beachten hat, vielmehr ist der Eindruck da, daß er das in Kauf nehmen muß, da er sich ja verkleidet hat. Wer würde es sonst bei all der Lauheit, Unwürdigkeit und Unvollkommenheit wagen, zu ihm zu gehen! Wie wenig wissen wir doch, worum wir bitten sollen, und wie viel besser sieht da doch seine Weisheit vor! Denen, die sehen, kommt aus seiner Gegenwart Nutzen zu, da er sie ihnen offenbart. Auch wenn sie ihn nicht mit den Augen des Leibes sehen, so hat er doch sehr viele Möglichkeiten, sich der Seele durch starkes inneres Erleben und auf vielerlei Weise kundzutun. Verweilt gern bei ihm! Verpaßt nicht die günstige Gelegenheit, wie es die Zeit nach dem Kommunizieren ist, um mit ihm zu sprechen. Wenn euch der Gehorsam etwas anderes aufträgt, Schwestern, dann bemüht euch, mit dem Herrn vereint zu sein. Wenn ihr aber an etwas anderes und nicht an ihn denkt, noch darauf acht gebt, wer in euch ist, wie soll er sich euch dann zu erkennen geben? Das ist wirklich eine gute Zeit, in der euch unser Meister unterrichtet; hören wir auf ihn und küssen wir ihm die Füße aus Dankbarkeit, daß er bereit ist, uns zu unterrichten, und bittet ihn, daß er nicht mehr von euch geht.

Wenn ihr um so etwas bittet und dabei auf ein Bild Christi schaut, vor dem wir gerade stehen, so käme es mir wie eine Dummheit vor, die Person selbst zu vernachlässigen und dafür das Bild zu betrachten. Wäre es nicht, als ob wir das Bild eines Menschen, den wir lieben und gern haben, vor uns hätten, ihn aber, obwohl er nun selber kommt, um uns zu besuchen, nicht beachteten und nicht mit ihm sprächen, sondern uns ganz seinem Bild widmeten? Wißt ihr, wann das Betrachten des Bildes aber sehr gut ist und mir große Freude bereitet? Wenn die Person selbst nicht da ist und er uns durch dürre und schwere Zeiten verspüren läßt, daß er nicht da ist, dann ist es eine große Gnade, ein Bild von ihm zu sehen, den wir mit Recht so sehr lieben. Bei jedem Augenaufschlag möchte ich ihn sehen. Könnten wir unseren Blick auf etwas Besseres oder Angenehmeres richten als auf ihn, der uns so sehr liebt, und der in sich alles Gute vereinigt? Wie unglücklich sind doch die Häretiker, die durch ihre Schuld zusammen mit anderem auch diesen Trost verloren haben!

Wenn ihr den Herrn empfangt, dann habt ihr ihn selbst bei euch. Schließt deshalb die Augen des Leibes und öffnet die Augen der Seele und blickt tief in euer Herz. Ich sage euch, und sage es auch zum zweiten Mal, und möchte es noch oft sagen: Wenn ihr euch das zur Gewohnheit macht, sooft ihr kommuniziert, und das Bewußtsein daran wachhaltet, dann werdet ihr euch an diesem Gut oft erfreuen, denn er bleibt dann nicht so verborgen, sondern gibt sich, wie ich schon sagte, auf vielerlei Weise zu erkennen, entsprechend der Sehnsucht, die ihr nach ihm habt. Und so sehr könnt ihr es ersehnen, daß er sich euch ganz offenbart.

Aber was bleibt ihm zu tun übrig, wenn wir ihn nicht beachten, sondern beim Empfang mit ihm hinter anderen, niedrigen Dingen herlaufen? Wird er uns mit Gewalt dazu bringen, daß wir ihn anschauen, weil er sich uns zeigen möchte? Nein, gewiß nicht, denn schon einmal behandelten sie ihn schlecht, als er sich allen offen zeigte und ihnen klar sagte, wer er war; sehr wenige waren es da, die ihm glaubten. Uns allen erweist Seine Majestät schon große Barmherzigkeit, da sie will, daß wir verstehen, daß er es ist, der im Allerheiligsten Sakrament zugegen ist. Aber ihn unverhüllt zu sehen und Anteil an seiner Größe und seinen Reichtümern zu haben, das will er nur denen gewähren, von denen er weiß, daß sie ein großes Verlangen nach ihm haben, weil sie seine wahren Freunde sind. Ich sage euch: Einer, der das nicht ist und ihn nicht so empfängt, obwohl er getan hat, was in seinen Kräften steht, der soll ihn doch auch nicht bedrängen, daß er sich ihm zu erkennen gebe.

Ein solcher Mensch kann ja kaum mehr die Zeit abwarten, daß er das Gebot der Kirche erfüllt hat, um nach Hause gehen zu können, wo er ihn dann aus sich vertreibt. Er ist so erfüllt von Geschäften, Tätigkeiten und Sorgen mit der Welt, daß es scheint, als würde er sich so schnell wie möglich beeilen, daß sein Herr ihm nicht das Haus besetzt» (CV 34,2–14).

In einer der tiefsten mystischen Erfahrungen erlebte Teresa Gott als die «höchste Wahrheit». Wir gehen wohl nicht fehl in der Annahme, daß sich in dieser Erfahrung die Theologie widerspiegelt, die Teresa durch ihre scholastisch geschulten Beichtväter und geistlichen Berater der salmantinischen Schule der Theologie aus dem Dominikanerorden vertraut war, als deren Haupt Domingo Báñez gilt.

«Als ich eines Tages im Gebet verweilte, war die Seligkeit, die ich in mir verspürte, so groß, daß ich, da ich eines solchen Gutes nicht würdig bin, nachzudenken begann, wie ich es doch viel eher verdient hätte, an dem Ort zu sein, den ich für mich in der Hölle bereitet sah, denn niemals vergesse ich die Art und Weise, in der ich mich dort sah. Mit diesen Gedanken begann sich meine Seele noch mehr zu entflammen, und es überwältigte mich eine Verzückung des Geistes, die ich nicht zu beschreiben vermag: Mir war, mitten in jener Majestät und ganz erfüllt von ihr zu sein, wie ich es andere Male schon verspürt hatte. In dieser Majestät gab sich mir eine Wahrheit zu erkennen, welche die Erfüllung aller Wahrheiten ist; ich vermag nicht zu sagen wie, denn ich sah nichts. Ohne daß ich gesehen hätte wer – doch verstand ich gut, daß es die WAHRHEIT selbst ist –, sagte man mir: ‹Dies ist nichts Geringes, was ich für dich tue! Es ist eines der Dinge, bei denen du mir viel schuldest, denn der ganze Schaden, der die Welt trifft, kommt daher, daß man die Wahrheiten der Schrift nicht mit klarer Wahrheit erkennt. Es wird kein Strichlein von ihr verlorengehen›. Mir war, als hätte ich das schon immer geglaubt, ebenso wie alle Gläubigen. Weiter sagte er mir: ‹O Tochter, wie wenige lieben mich in Wahrheit! Wenn sie mich nämlich liebten, würde ich ihnen meine Geheimnisse nicht verbergen. Weißt du, was es heißt, mich in Wahrheit zu lieben? Verstehen, daß alles, was mir mißfällt, Lüge ist. Klar wirst du das erkennen, was du jetzt noch nicht verstehst, worin es deiner Seele von Nutzen ist›. Und ich habe das in der Tat gesehen, wofür der Herr gepriesen sei, denn seitdem kommt mir hier alles wie Eitelkeit und Lüge vor, was nicht auf den Dienst Gottes ausgerichtet ist, daß ich das gar nicht sagen kann, wie ich es verstehe, ebensowenig wie ich sagen kann, wie leid mir die tun, die im Blick auf diese Wahrheit im Dunkeln leben. Bei all dem erwuchs mir noch anderer Nutzen, den ich hier nicht anführen möchte, und vieles, das ich gar nicht beschreiben kann. Der Herr schenkte mir ein besonderes Wort seiner großen Güte mir gegenüber. Ich weiß zwar nicht, wie das geschah, denn ich sah nichts, aber ich verblieb in einer solchen inneren Verfassung (die ich genausowenig beschreiben kann) sehr gestärkt und wahrhaftig entschlossen, mit all meinen Kräften auch die kleinste Vorschrift der Hl. Schrift zu erfüllen. Mir war, als ob sich mir nichts in den Weg stellen könnte, was ich deswegen nicht überwunden hätte. Von dieser göttlichen WAHRHEIT, die sich mir zeigte, blieb mir, ohne zu wissen wie und was, eine Wahrheit eingebrannt, welche mich eine neue Bindung an Gott eingehen ließ, denn sie gibt eine Mitteilung Seiner Majestät und Macht, und zwar auf eine Weise, wie man gar nicht sagen kann; ich vermag nur zu verstehen, daß es etwas Großes ist. Es blieb in mir ein großes Verlangen, nichts anderes mehr zu sprechen als ganz wahre Dinge, die über das hinausgehen, was man in dieser Welt spricht, und so fiel es mir allmählich schwer, in ihr zu leben … Ich hatte auch nicht den geringsten Verdacht, daß es eine Einbildung sein könnte. Ich sah zwar nichts, aber ich verstand das große Gut, das darin liegt, einer Sache, die nicht näher zu Gott führt, keine Aufmerksamkeit zu schenken, und so ging mir auf, was es heißt, eine Seele wandelt in Wahrheit vor der WAHRHEIT selbst. Was ich also verstand, war, daß mir der Herr zu verstehen gab, daß er die WAHRHEIT selbst ist. Alles, was ich gesagt habe, wurde mir verständlich gemacht, indem manchmal zu mir gesprochen wurde, andere Male verstand ich, ohne daß etwas zu mir gesagt wurde, einige Dinge klarer als das, was man durch Worte zu mir sagte. Ich vernahm über diese WAHRHEIT die unergründlichsten Wahrheiten, mehr als wenn mich viele Gelehrte darin unterrichtet hätten. Ich glaube, daß sie mir die Nichtigkeit dieser Welt niemals so hätten einprägen können, noch hätte diese sich selbst so klar einprägen können, wenn sie sich mir zu verstehen gegeben hätte. Diese Wahrheit, die ich meine, und die sich mir zu erkennen gab, ist in sich selbst Wahrheit, und sie ist ohne Anfang und Ende, und alle anderen Wahrheiten hängen von ihr ab, wie jede andere Liebe von dieser Liebe, und alle anderen Herrlichkeiten von dieser Herrlichkeit, wenn das auch dunkel ausgedrückt ist im Vergleich zu der Klarheit, mit der mir der Herr dies alles zu verstehen geben wollte. Und wie deutlich ist doch die Macht dieser Majestät zu sehen, denn in kurzer Zeit läßt sie in der Seele einen großen Gewinn und andere herrliche Dinge zurück.

O Größe und Majestät Gottes! Was schaffst du alles, mein allmächtiger Herr? Schau, wem du diese erhabenen Gnaden schenkst! Denkst du nicht mehr daran, daß diese Seele ein Abgrund von Unwahrhaftigkeit und ein Meer von Eitelkeit war, und zwar aus eigener Schuld? Daß du mir wohl die Veranlagung gegeben hast, die Lüge zurückweisen, ich selbst mich aber in vielen Lügen aufhielt? Wie verträgt sich denn das miteinander, mein Gott? Wie passen denn so große Gnaden und Auszeichnungen zu jemandem, der sie nur so schlecht von dir verdient hat?» (V 40,1–4).

Die Erfahrung Gottes als der höchsten Wahrheit blieb im Leben Teresas keine schöne Theorie, sondern hatte praktische Folgen für ihr Leben; aufgrund dieser Erfahrung gelangte sie zu einer bestimmten Sicht des menschlichen Lebens. Demut als «Wandel in Wahrheit» ist die grundlegende Haltung des Menschen vor Gott.

«Als ich einmal darüber nachdachte, aus welchem Grund der Herr wohl ein solcher Freund der Tugend der Demut ist, kam mir, wie mir scheint, ohne viel Überlegen, sondern ganz spontan, folgendes in den Sinn: Weil nämlich Gott die höchste WAHRHEIT und die Demut ein Wandel in Wahrheit ist, so ist es also etwas Großartiges, wenn wir von uns nichts Gutes halten, sondern uns für armselig und nichts erachten; und wer in der Unwahrhaftigkeit lebt, der versteht das nicht. Je mehr einer aber das begreift, desto wohlgefälliger ist er der höchsten WAHRHEIT, da er in ihr wandelt. Gott möge uns, Schwestern, diese Gnade schenken, daß wir dieser Selbsterkenntnis niemals ausweichen. Amen» (6 M 10,8).

III. GOTTESERFAHRUNG UND MENSCH-SEIN

Teresas Weg zu den Menschen ist nicht eine zufällige Entwicklung, sondern Frucht ihrer Gotteserfahrung. Echte Gotteserfahrung führt immer zu einem echten Einsatz für die Menschen und die Welt. Dem Gläubigen bleiben dabei Enttäuschungen nicht erspart. Die Welt ist nicht heil, und die Bereitschaft, nach dem Willen Gottes zu leben, klein. Der Mystiker muß immer auch Prophet sein: provozierend, mutig, wahrheitsliebend, selbstlos, aber stets voll Liebe und Verstehen, nie arrogant, besserwissend.
Die folgenden Texte sollen zeigen, wie echte Gotteserfahrung zur Vervollkommnung und Überhöhung des eigenen Mensch-seins beiträgt. Der Mystiker oder der gottverbundene Mensch verkümmert nicht oder verliert sich, sondern entfaltet sich in der Nähe Gottes. Darüber hinaus sollen sie zeigen, wie Gotteserfahrung mit dem Dienst am Mitmenschen zusammengehört.

«Es ist auch zu beachten, daß meine Seele aus jeder Visions- oder Offenbarungsgnade, die mir der Herr erwies, jedesmal mit irgendeinem großen Gewinn hervorging, bei einigen Visionen sogar mit viel Gewinn. Bei der Christusvision, die ich hatte, blieb mir seine herrliche Schönheit fest eingeprägt, und sie ist es heute noch; dafür hätte schon eine einzige Vision genügt, um wieviel mehr die vielen, die mir der Herr schenkte. Sie brachte mir ganz großen Gewinn und zwar folgenden: Ich hatte einen großen Fehler, aus dem mir viel Schaden erwuchs. Sobald ich festzustellen begann, daß mir jemand zugetan war, und mir das ge-

fiel, wurde meine Zuneigung so groß, daß sich mein Gedächtnis sehr stark darauf fixierte und ich ständig an ihn
dachte (auch wenn ich keineswegs die Absicht hatte, Gott
zu beleidigen, aber doch freute ich mich, den betreffenden
Menschen zu sehen und an ihn und all das Gute zu denken,
das ich an ihm sah). Das war eine so üble Sache, daß meine
Seele darunter sehr litt. Nachdem ich aber die große
Schönheit des Herrn gesehen hatte, kam mir nichts mehr
vor Augen, das mir im Vergleich zu ihm gut vorgekommen wäre oder mich beschäftigt hätte. Indem ich mein inneres Auge auf das Bild richtete, das ich in mir trug, wurde
ich von allem anderen so frei, daß alles, was ich hier zu sehen bekomme, in mir nur Widerwillen hervorruft gegenüber den Vorzügen und der Anmut dieses Herrn. Kein
Wissen und keine Art von Genuß gibt es, die ich im Vergleich mit einem einzigen Wort, das dieser göttliche Mund
ausspricht, für etwas hielte, um wieviel mehr erst so viele
Worte. Ich halte es für unmöglich, daß jemand mein Gedächtnis so sehr einnehmen könnte – es sei denn, der Herr
erlaubt das wegen meiner Sünden, – daß es nicht sofort
wieder frei wäre davon, wenn ich nur für einen Augenblick an ihn denke» (V 37,4).

*Ende 1560 schrieb Teresa für ihre geistlichen Berater einen Be-
richt über ihren Seelenzustand (relación); deutlich geht daraus
hervor, welch große Hilfe das Beten, die Erfahrung Gottes, für
sie war.*
«Meine Art zu beten ist zur Zeit folgende: Nur ganz selten
kann ich, wenn ich gerade beim Beten bin, mit dem Verstand nachdenkend beten, da sich meine Seele sofort zu
sammeln beginnt und sich im Gebet der Ruhe oder einer
Verzückung befindet, und zwar derart, daß ich an meinen

Seelenvermögen und Sinnen überhaupt keine Hilfe habe, so daß sie mir gar nichts weiter nützen, außer daß ich etwas höre, ohne das Gehörte allerdings auch zu verstehen.

Es passiert mir öfters, daß mich diese Sammlung und Erhebung des Geistes so plötzlich überkommt, daß ich nichts dagegen zu tun vermag, aber sofort ihre Wirkungen und ihren Nutzen verspüre, auch wenn ich nicht an Gott dachte, sondern mit anderen Dingen beschäftigt war, und es mir scheint, daß ich vor lauter Unlust beim Beten nichts fertigbringen könnte, so sehr ich mich auch drum bemühte, wobei zu all dem noch die körperlichen Leiden dazukommen. All das erlebte ich, ohne eine Vision gehabt noch etwas verstanden zu haben, und auch ohne zu wissen, wo ich gerade bin; dabei sehe ich, wie meine Seele, auch wenn es so aussieht, als würde sie sich verlieren, reicher beschenkt wird, als man sich in einem Jahr wohl kaum durch eigenes Bemühen erwerben kann; so groß ist der Nutzen, den ich hier erhalte.

Andere Male erlebe ich zutiefst den Einbruch des Übernatürlichen und eine gewaltige Sehnsucht nach Gott, daß ich nicht mehr weiß, was ich tun soll. Mir ist, als ginge mein Leben zu Ende, was mich laut zu Gott rufen und beten läßt; das setzt mir sehr heftig zu.

Manchmal kann ich gar nicht mehr sitzen bleiben, so packt es mich, und dieses Leid überkommt mich, ohne daß ich es suchte; es ist derart, daß die Seele davon gar nicht mehr frei sein möchte, solange sie lebt. Dieses Leid kommt von meiner Sehnsucht nach dem Tod, und weil es so aussieht, daß es, so lange man lebt, keine Abhilfe gibt, denn das Mittel, um zur Schau Gottes zu gelangen, ist der Tod, der aber nicht in meiner Macht liegt. Deswegen kommt es mir vor, als wären alle vollkommen zufrieden, nur ich nicht, und als fänden außer mir alle eine Abhilfe in ihren Leiden. Das ist so bedrückend, daß es ihr, wenn der Herr nicht durch eine Verzückung Abhilfe schaffte, wodurch sich alles glättet und die Seele beruhigt und getröstet wird – manchmal dadurch, daß sie etwas von dem Ersehnten sieht, andere Male dadurch, daß ihr anderes klar wird, – das ist also so bedrückend, daß es ihr unmöglich erscheint, ohne solche Hilfen diesem Leid heil zu entkommen.

Wieder andere Male packt mich das Verlangen, Gott zu dienen, aber auch das Leid, weil ich so wenig wert bin, mit solchem Ungestüm, daß ich das gar nicht richtig zu sagen vermag. Da ist es mir dann, daß es wohl keine Mühsal, nichts, auch nicht Tod oder Martyrium geben könnte, das ich nicht alles mit Leichtigkeit durchstehen würde. Diese Gedanken kommen mir, ohne daß ich viel darüber nachdächte, sondern sind plötzlich da und machen mich ganz betroffen, bei all dem weiß ich nicht, woher mir die ganze Kraft kommt. Es drängt mich geradezu, das alles hinauszurufen und allen zu verstehen zu geben, wie wichtig es doch ist, sich nicht mit Geringem zu begnügen, und wie reich uns Gott beschenken wird, wenn wir uns dafür bereiten. Dieses Verlangen ist, ich sage es noch einmal, so stark, daß ich mich geradezu in nichts auflöse, da es mir ist, als verlangte ich nach etwas, das ich nicht erreichen kann.

Es sieht aus, als hielte mich dieser Leib gefesselt und als sei er unfähig, in irgend etwas Gott oder dem Orden zu dienen, denn, wenn ich davon frei wäre, würde ich meinen Kräften entsprechend Großartiges leisten. So aber, völlig außerstande, Gott zu dienen, fühle ich dieses Leid so stark, daß ich es gar nicht ausdrücken kann. Aber dann endet alles in Wohlgefallen, in Sammlung und göttlicher Tröstung.

Es kam auch vor, daß ich nach Bußübungen verlangte, nachdem die Sehnsucht, ihm zu dienen, mich erfaßt hatte, aber nichts zustande brachte, denn das würde mir weiterhelfen. Die Buße, die ich dann tue, hilft mir tatsächlich und macht mich froh, auch wenn sie nur ganz unbedeutend ist, weil ich körperlich so schwach bin. Wenn ich mich jedoch von meinen Wünschen treiben ließe, dann, glaube ich, würde ich übertreiben.

Es macht mir auch immer wieder sehr zu schaffen, daß ich mich mit jemandem abgeben muß; das belastet mich so sehr, daß ich darüber in Tränen ausbreche, denn meine ganze Sehnsucht ist darauf ausgerichtet, allein zu sein, auch wenn ich dabei manchmal weder bete noch etwas lese, sondern mich von der Einsamkeit trösten lasse. Der Umgang besonders mit Angehörigen und Verwandten kommt mir lästig vor und ich pflege ihn nur widerwillig, außer ich kann mit ihnen über das Gebet oder mein geistliches Leben sprechen, denn das tröstet und ermutigt mich. Doch selbst der Umgang mit diesen Menschen ist mir manchmal zuwider, und ich möchte sie am liebsten gar nicht sehen, sondern allein sein; doch das kommt nicht oft vor. In besonderer Weise ist es aber der Umgang mit meinen Seelenführern, der mir zum Trost gereicht.

Manchmal bedeutet es für mich geradezu eine Qual, essen und schlafen zu müssen und festzustellen, daß ich noch weniger als sonst jemals darauf verzichten kann. Ich tue es halt, um Gott einen Dienst zu erweisen und opfere ihm das alles auf.

Die ganze Zeit scheint nur so vorbeizufliegen, und ich meine, nicht genügend Zeit zum Beten zu haben; darum kann ich auch gar nicht oft genug allein sein.

Besonders verlangt es mich zu lesen, was mir schon immer

besonders gefallen hat. Ich brauche aber nur wenig zu lesen, da ich mich sofort sammle und ganz glücklich bin, und so wird aus dem Lesen ein Beten. Selten aber geht es so glatt, da ich eine Menge Beschäftigungen habe, die mir, obwohl sie gut sind, doch nicht die Zufriedenheit geben wie das Lesen. So fehlt es mir eigentlich immer an Zeit, und es macht mich ganz unglücklich, wenn ich sehe, daß es mir nicht gelingt, das zu tun, was mir lieb und angenehm wäre.

All dieses fromme Verlangen nach Tugend und noch viel mehr hat mir unser Herr gegeben, nachdem er mir das Gebet der Ruhe zusammen mit all den Verzückungen geschenkt hatte, und ich fühle mich so gefördert, daß mir mein Zustand vorher wie Verdorbenheit vorkommt. Die erwähnten Verzückungen und Visionen lassen in mir all den Nutzen zurück, den ich nun nennen werde, und ich bekenne, daß mir alles Gute, das ich habe, von daher zukam.

Es erfaßte mich eine ganz große Entschlossenheit, Gott nicht zu beleidigen, auch nicht mit läßlichen Sünden, vielmehr würde ich, wenn mir das klar ist, tausend Tode sterben, bevor ich so etwas tue. Weiterhin die Entschlossenheit, nichts von dem zu unterlassen, was ich für eine größere Vollkommenheit oder einen größeren Dienst für unseren Herrn hielte, wenn es mir mein Seelenführer sagte und zu tun auftrüge, auch wenn mir das noch so schwer fiele; um keinen Preis würde ich das unterlassen. Wenn ich mich da anders verhielte, hätte ich, glaube ich, nicht den Mut, Gott, unseren Herrn um etwas zu bitten, noch Gebet zu halten, auch wenn ich deswegen viele Fehler und Unvollkommenheiten beginge.

Ein weiterer Nutzen, der mir kam, ist der Gehorsam gegenüber meinem Beichtvater, auch wenn es stimmt, daß ich den nur unvollkommen leiste. Doch sobald ich merke, daß er etwas von mir will oder mir aufträgt, so tue ich das auf jeden Fall, und wenn ich es versäumte, käme ich mir wie eine Betrügerin vor.

Außerdem wuchs in mir auch das Verlangen, arm zu leben, wenn auch wieder nur sehr unvollkommen. Doch meine ich, daß ich keine besondere Rente noch Geld für meinen persönlichen Gebrauch wollte, selbst wenn ich große Reichtümer besäße, noch macht all das einen besonderen Eindruck auf mich, sondern ich wollte nur das, was notwendig ist. Bei allem aber spüre ich, wie sehr ich in dieser Tugend fehle, denn es stimmt zwar, daß ich für mich nichts möchte, aber ich wollte doch etwas, um austeilen zu können; für mich wollte ich aber wirklich keine Rente noch etwas anderes.

Von fast allen Visionen, die ich erlebte, hatte ich Nutzen, außer es wäre alles eine Täuschung des Bösen, was ich aber meinen Beichtvätern zur Beurteilung überlasse.

Wenn ich etwas Schönes und Wohlgefälliges sehe, wie Wasser, Felder, Blumen und Wohlgerüche oder Musik vernehme, so wäre es mir lieber, das nicht zu sehen oder zu hören, so groß ist der Unterschied zu dem, was ich sonst zu sehen bekomme; daher vergeht mir nach dem die ganze Lust. Ich bin soweit gekommen, daß ich mir aus all dem so wenig mache, daß mir, abgesehen von einer ersten Regung der Gedanken, nichts eingeprägt bleibt, was mir nicht als Unrat erschiene.

Wenn ich mit Weltleuten spreche oder mich mit ihnen abgebe, was oft nicht zu vermeiden ist, und wenn ich das lange Zeit tue, und sei es nur aus Zeitvertreib, ohne daß es also nötig ist, so muß ich mich dazu zwingen, da es mich viel kostet. Erholung und dergleichen und die Dinge der Welt, die mir einst viel bedeuteten, gehen mir gegen den Strich und ich kann sie nicht ertragen.

Dieses Verlangen, Gott zu lieben, ihm zu dienen und ihn zu sehen, das ich habe, wie ich sagte, wird nicht vom eigenen Nachdenken getragen, wie es vorher der Fall war, als ich mir sehr fromm und mit vielen Tränen begabt vorkam. Es entstammt einer Begeisterung und einer so überaus starken Glut, daß ich nochmals sagen möchte: Wenn Gott nicht durch eine Verzückung Abhilfe schaffte, wodurch die Seele offensichtlich getröstet wird, dann reichte das meiner Meinung nach aus, um schnell am Ende zu sein.

Menschen, die fortgeschritten sind und diese Entschlossenheit haben, die losgelöst und mutig sind, die habe ich sehr gern und mit ihnen möchte ich beisammen sein, denn die sind mir sicherlich förderlich. Diejenigen aber, die furchtsam sind und die, wie es aussieht, alles entsprechend der menschlichen Vernunft zu arrangieren suchen, die, so kommt es mir vor, machen mich ganz niedergeschlagen und lassen mich Gott und die Heiligen anrufen, die Dinge zuwege gebracht haben, über die wir jetzt erstaunt sind. Das tue ich, nicht weil ich etwas wäre, sondern weil ich meine, daß Gott denen hilft, die für ihn viel einsetzen, und niemals den verläßt, der auf ihn allein vertraut. Wie gerne hätte ich jemanden, der mich in dieser Überzeugung bestärkt, so daß ich nicht voller Sorge bin, was ich essen oder womit ich mich bekleiden soll, sondern alles Gott überließe. Dieses ‹Alles-Gott-Überlassen› meine ich nicht so, als sollte man sich um nichts kümmern, sondern nur nicht voll Sorgen, ich meine, daß es für mich nicht ein Anlaß zur Sorge wird. Seitdem mir der Herr diese Freiheit geschenkt hat, geht es mir bei all dem gut und ich suche, soweit es möglich ist, mich selbst zu vergessen. Ich glaube, es ist noch nicht einmal ein Jahr her, seitdem der Herr mir das geschenkt hat.

Zur Ruhmsucht habe ich, soweit ich das sehe, Gott sei Dank keinen Grund, da mir bei all dem klar ist, daß Gott es schenkt, und ich aus mir heraus nichts vermag, im Gegenteil: Gott gibt mir mein Elend zu erkennen, denn so sehr ich auch nachdenken würde, ich glaube nicht, daß mir so viele Wahrheiten aufgingen, wie ich sie in einer einzigen Verzückung erkenne.

Wenn ich über diese Dinge spreche, so ist es mir seit einiger Zeit, als beträfen sie eine andere Person. Früher kam es mir manchmal wie eine Schande vor, wenn andere über mich das erfuhren, aber jetzt bin ich der Meinung, deswegen nicht etwa etwas Besseres zu sein, sondern eher schlechter, da ich aus all den Gnaden nur so wenig Nutzen ziehe. Es sieht ganz gewiß alles danach aus, daß es in der Welt keine Schlechtere als mich gegeben hat. Die Tugenden der anderen scheinen mir viel verdienstvoller zu sein; und da ich ja nichts anderes tue als Gnaden zu erhalten, wird Gott den anderen auf einmal das geben, was er mir hier geben will. Ich bitte ihn aber, daß er mir nicht in diesem Leben vergelte, und glaube, daß er mich diesen Weg geführt hat, weil ich schwach und erbärmlich bin.

Wenn ich beim Beten bin, ja eigentlich fast immer, sobald ich nur ein bißchen zum Nachdenken komme, bringe ich es nicht über mich, auch wenn ich mich darum bemühte, Gott um Annehmlichkeiten zu bitten noch auch nur den Wunsch danach zu haben, da ich weiß, daß er in seinem Leben nichts als Mühsale durchzustehen hatte, und um diese bitte ich ihn, wenn er mir nur zuvor die Gnade schenkt, sie zu ertragen.

Alles, was damit und mit ganz erhabener Vollkommenheit zusammenhängt, scheint sich mir im Gebet so tief einzuprägen, daß ich wirklich erstaunt bin, so viele Wahrheiten in solcher Klarheit zu sehen, denn alles, was mit Welt zu tun hat, kommt mir unsinnig vor. Trotzdem darf ich nicht vergessen, wie ich mich früher gegenüber der Welt verhalten habe, es kommt mir dann ausgesprochen sinnlos vor, über den Tod und die Mühsale der Welt zu jammern, und noch dazu darüber lange Schmerz zu empfinden, oder an der Liebe zu den Angehörigen und Freunden zu hängen; ich möchte sagen, daß ich mit Vorsicht vorgehen muß, ich bedenke, wer ich war und was ich früher immer empfand.

Wenn ich jemand etwas tun sehe, was ganz klar nach einer Sünde aussieht, kann ich doch nicht glauben, daß er Gott beleidigt habe. Auch wenn ich mich einige Zeit bei diesem Gedanken aufhalte, nur einen Augenblick oder noch weniger, so konnte ich das auch dann nicht glauben, selbst wenn ich es ganz eindeutig sah, weil ich immer meine, daß alle so wie ich darauf aus sind, Gott zu dienen. Darin erwies er mir große Gnade, daß ich mich niemals über eine schlechte Eigenschaft eines anderen aufgehalten habe, weil ich gar nicht weiter darüber nachdachte, und wenn es mir in den Sinn kommt, so denke ich immer an eine gute Eigenschaft, die diese Person hat. Solch negative Erfahrungen machen mir nie zu schaffen, dafür aber die allgemeinen Mißstände und die Häresien, die mich oft niederdrücken, und fast immer, wenn ich an sie denke, meine ich, daß das die einzigen Leiden sind, die man durchstehen muß. In ähnlicher Weise tut mir es auch leid, wenn ich jemand sehe, der bereits das innerliche Gebet gepflegt hat, es aber wieder aufgibt. Das setzt mir sehr zu, gewiß, aber doch nicht zu sehr, denn ich bemühe mich, nicht länger dabei zu verweilen.

Ich glaube auch hinsichtlich meiner gewohnheitsmäßigen Neugier Fortschritte gemacht zu haben, wenn ich sie auch noch nicht ganz überwunden habe, da ich in diesem Punkt nicht immer abgetötet bin, ab und zu aber schon.

All das, was ich hier berichtet habe, ist mein normaler seelischer Zustand, weil ich das feststellen kann; sonst habe ich meine Gedanken beständig auf Gott gerichtet. Und wenn ich mit etwas anderem beschäftigt bin, was ich mir jedoch nicht selbst gesucht habe, wie ich schon sagte, so ist da jemand – wie, das weiß ich auch nicht –, der mich wachruft; das ist zwar nicht immer so, aber immer dann, wenn ich wichtige Dinge zu verhandeln habe. Gott sei Dank beschäftigt mich so etwas nicht immer, sondern nur manchmal.

Es gibt Tage, wenn auch nicht viele, und das ganze dauert drei, vier oder fünf Tage, daß es mir vorkommt, als seien alle guten Dinge, der ganze Eifer, die Visionen wie weggeblasen; sie verschwinden dann aus dem Gedächtnis, so daß ich, selbst wenn ich wollte, nicht mehr weiß, was es an Gutem in mir gegeben hat. Alles kommt mir dann wie ein Traum vor, wenigstens kann ich mich an gar nichts mehr erinnern.

Die körperlichen Schmerzen plagen mich von allen Seiten; mein Verstand ist ganz durcheinander, so daß ich gar nicht mehr an Gott denken kann noch weiß, welchem Gesetz ich eigentlich unterworfen bin. Wenn ich etwas lese, verstehe ich es nicht; ich komme mir voller Fehler vor, ohne Kraft zur Tugend, und der große Mut, den ich gewöhnlich habe, ist so gering, daß es mir scheint, als könnte ich bereits der geringsten Versuchung und dem leisesten Widerspruch von seiten der Welt nicht widerstehen. Da kommt mir dann der Gedanke, daß ich zu gar nichts tauge, und frage, wer mir wohl die Idee eingegeben hat, aus dem Gewöhnlichen auszubrechen. Ich bin dann richtig traurig und meine, all die zu täuschen, die von mir etwas halten. Am liebsten würde ich mich verbergen, daß mich niemand mehr sieht; das ist kein Verlangen nach Einsamkeit aus Tugend, sondern aus Ängstlichkeit. Mir ist dann zumute, als wollte ich mich mit allen, die mir widersprechen, anlegen. Dieses ganze Durcheinander brodelt in mir, wenn mir Gott nicht die Gnade gibt, ihn nicht mehr als gewöhnlich zu beleidigen; ich bitte ihn aber auch nicht, mir all das zu ersparen, sondern mich an seiner Hand zu führen, ihn nicht zu beleidigen, wenn das alles so sein Wille ist. Ich richte mich ganz nach ihm aus und glaube, daß das eine ganz große Gnade ist, die er mir schenkt, wenn er mich nicht immer in dieser Verfassung läßt.

Etwas erstaunt mich: Wenn ich in diesem Zustand bin, genügt ein einziges Wort von denen, die ich zu hören gewohnt bin oder eine Vision oder ein wenig Sammlung, und sei es nur ein Ave Maria lang, oder auch der Gang zum Kommunizieren, etwas davon also genügt, daß die Seele und der Leib wieder ganz ruhig werden, und der Verstand klar und hell, mit aller Kraft und allen Wünschen, die ich gewöhnlich habe. Das habe ich erfahren, und zwar schon mehrmals, wenigstens wenn ich kommuniziere, und seit mehr als einem halben Jahr spüre ich, wie mein körperliches Wohlbefinden ganz deutlich besser ist und ab und zu auch von Verzückungen begleitet ist, die manchmal mehr als drei Stunden andauern, andere Male verspüre ich während des ganzen Tages eine deutliche Besserung meines Gesundheitszustandes. Meiner Meinung nach ist das keine

Einbildung, weil ich es deutlich gemerkt und mich deswegen geprüft habe; das geht so weit, daß ich mich vor überhaupt keiner Krankheit mehr fürchte, wenn ich diese Sammlung erlebe. Tatsache ist jedenfalls, daß ich diese Besserung nicht spüre, wenn ich so wie früher Gebet halte.

All das, was ich hier berichtet habe, läßt mich glauben, daß diese Dinge von Gott stammen, denn ich weiß, wie ich vorher war, daß ich auf dem Weg des Verderbens war, jetzt aber durch alles, was ich erlebt habe, mich selber nicht mehr kenne. Zweifellos war meine Seele erstaunt, weil sie nicht begriff, woher mir diese Tugenden zukamen, doch wußte ich gut, daß es ein Geschenk war und nicht durch eigene Anstrengung kam. In aller Wahrheit und Klarheit erkenne und weiß ich genau, daß ich mich nicht täusche, daß all das nicht nur ein Mittel war, wodurch mich Gott in seinen Dienst gerufen, sondern vor der Hölle errettet hat, was meine Beichtväter wissen, bei denen ich normalerweise beichte.

Wenn ich jemanden treffe, der etwas von mir weiß, dann möchte ich ihm gleich mein ganzes Leben erzählen, denn meiner Meinung nach gereicht es mir zur Ehre, wenn unser Herr gelobt wird, alles andere ist mir nicht mehr wichtig. Das weiß er ganz genau, und wenn ich nicht ganz blind bin, dann kann es keine Ehre, kein Leben, keinen Ruhm und weder für den Leib noch für die Seele etwas Gutes geben, das mich erfüllen könnte, nichts, das ich zu meinem Nutzen wollte oder wünschte außer seiner Ehre.

Ich kann nicht glauben, daß der Böse so viele Möglichkeiten gesucht hat, um meine Seele zu gewinnen und sie dann wieder zu verlieren, denn für so dumm halte ich ihn auch nicht; noch kann ich von Gott glauben, daß er so viele Gebete vieler guter Menschen, die seit Jahren für mich beten, nicht beachten würde, obwohl es wahr ist, daß ich es wegen meiner Sünden verdient hätte getäuscht zu werden; ich mache jedenfalls nichts anderes, als daß ich alle um ihr Gebet bitte, damit der Herr mir zu erkennen gebe, ob das, was ich erlebe, zu seiner Ehre ist, oder daß er mich auf einem anderen Weg führe. Ich glaube einfach nicht, daß Seine Göttliche Majestät es erlauben würde, daß all diese Erlebnisse weitergehen, wenn sie nicht von ihm kämen.

Solche Überlegungen und die Gründe, die mir viele fromme Menschen angeben, machen mir wieder Mut, wenn ich Angst habe, ob all das von Gott kommt oder nicht, da ich doch so schlecht bin. Aber sobald ich im Gebet verweile und an den Tagen, an denen ich innerlich ruhig bin und meine Gedanken auf Gott gerichtet habe, könnten mich nicht noch so viele studierte Theologen und Heilige, die es auf der Welt geben mag, auch wenn sie mich allen nur denkbaren Torturen aussetzten, und ich ihnen auch Glauben schenken wollte, nicht zu dem Glauben bringen, daß hinter dem, was ich erlebe, der Böse steht, weil ich es einfach nicht glauben kann. Als sie mich nämlich so weit bringen wollten, das zu glauben, bekam ich doch Angst, wenn ich einerseits daran dachte, wer die waren, die es sagten, und daß diese doch sicher recht hatten, und mir andererseits vor Augen hielt, wer ich war, denn dann mußte wohl ich die Getäuschte sein. Aber beim ersten Wort, bei der ersten Sammlung oder Vision war alles, was sie gesagt hatten, wie weggewischt, und ich konnte gar nicht anders als glauben, daß Gott am Werk war.

Wenn es auch denkbar ist, daß sich manchmal der Böse einmischen kann – und daß das so ist, habe ich selbst schon gemerkt und auch gesagt, – so waren doch die Wirkungen, die ich spürte, ganz anders; und einen, der Erfahrung hat, wird er meiner Meinung nach nicht täuschen.

Doch bei allem erkläre ich, daß ich um keinen Preis etwas tun würde, auch wenn ich ganz sicher bin, daß Gott am Werk ist, was nicht von dem gutgeheißen wäre, der für mich Sorge trägt, denn das ist in den Augen des Herrn ein größerer Dienst. Ich habe auch nie etwas anderes gehört, als daß ich gehorchen und nichts verheimlichen soll, da mir das am besten bekommt.

An meinen Fehlern trage ich oft sehr schwer, bis zutiefst in mein Inneres hinein. Wenn bei dem, was ich gerade tue, eine Gefahr besteht oder bestehen kann, gibt es auch Hinweise, die mir großen Nutzen bringen. Sie halten mir oft meine vergangenen Sünden vor Augen, etwas, was mir nicht leichtfällt.

Ich bin sehr ausführlich geworden, und doch ist es bestimmt so, daß ich hinsichtlch des Guten, das ich verspüre, wenn ich das Gebet beendet habe, zu wenig sage, danach aber wieder voll Unvollkommenheiten, nutzlos und schlecht bin. Es ist auch möglich, daß ich das Gute nicht erkenne und mich täusche, aber der Unterschied in meinem Leben ist offensichtlich. Das läßt mich an all das Gesagte denken.

Bei allem, was ich gesagt habe, glaube ich, mich an das gehalten zu haben, was ich erlebt habe. Diese Vollkommenheiten sind es, die der Herr in mir schlechtem und unvollkommenen Wesen spürbar gewirkt hat. Doch vertraue ich alles Ihrem Urteil an, da Sie ja meine Seele gut kennen» (CC 1).

Teresa erlebte nicht nur eine allgemeine Besserung ihres seelischen und körperlichen Befindens; sie nennt konkret die Bereiche, in denen sie eine Besserung verspürt, und zwar bereits im «ersten Wasser», d. h. dem Gebet der Sammlung¹, wenn es ums Durchhalten beim Beten geht.

«Von denen, die mit dem Beten beginnen, können wir sagen, daß sie es sind, die aus dem Brunnen Wasser schöpfen, was sehr mühsam ist für sie, wie ich sagte, da sie ihre Sinne anstrengen müssen; denn da sie gewohnt sind, in Zerstreuung zu leben, bedeutet das Sich-Sammeln eine große Mühe. Sie müssen sich daran gewöhnen, sich nichts daraus zu machen, wenn sie nichts sehen oder hören, vor allem in den Stunden des innerlichen Gebets, sondern vielmehr zurückgezogen und allein zu sein und über ihr vergangenes Leben nachzudenken (das gilt aber für alle, für die Anfänger und die bereits Fortgeschrittenen auf dem Weg des Gebets); man muß, wie ich später noch sagen werde, mehr oder weniger Wert auf dieses Nachdenken legen.

Anfangs leiden sie darunter, weil sie nicht imstande sind zu erkennen, ob sie ihre Sünden auch wirklich bereuen. Sobald sie das aber tun, dann entschließen sie sich damit auch, Gott wirklich zu dienen. Sie sollen betrebt sein, das Leben Christi zu betrachten und den Verstand sich damit abmühen lassen.

Bis zu diesem Punkt vermögen wir mit unserer Anstrengung zu gelangen, d. h. natürlich immer mit der Gnade Gottes, denn ohne sie können wir ja bekanntlich noch nicht einmal einen guten Gedanken fassen. Dieses Bemühen heißt dann, mit dem Schöpfen des Wassers aus dem Brunnen zu beginnen, und gebe Gott, daß Wasser drinnen ist; zumindest aber wollen wir uns bemühen, an es heranzukommen und tun, was wir können, um diese Blumen zu bewässern. Gott ist jedoch so gut, daß er die Blumen auch ohne Wasser erhält und Tugenden wachsen läßt, wenn aus Gründen, die Seine Majestät gut kennt – vielleicht sogar zu unserem großen Nutzen, – der Brunnen versiegt, obwohl wir wie tüchtige Gärtner getan haben, was in unseren Kräften steht. Mit ‹Wasser› meine ich in diesem Fall die Tränen oder, falls diese ausbleiben, Tröstungen und innere Andachtsstimmung.

Was aber soll man tun, wenn man merkt, daß man selbst nach vielen Tagen beim Wasserschöpfen nichts als Abneigung, Langeweile, Widerwillen und lauter Unlust verspürt und alles aufgeben würde, wenn man nicht vor Augen hätte, daß man es für den Herrn des Gartens und ihm zuliebe tut, und wenn man nicht immer wieder daran dächte, daß man alles verlieren würde, womit man ihm bereits gedient hat, und nicht die Hoffnung hätte, aus der großen Mühe, die das Hinablassen und Heraufziehen des dann doch leeren Eimers bedeutet, doch noch Nutzen ziehen würde? Oft wird es sogar vorkommen, daß man für all das noch nicht einmal einen Finger rühren noch einen guten Gedanken fassen kann, denn das Nachdenken mit dem Verstand entspricht bei diesem Vergleich dem Schöpfen des Wassers aus dem Brunnen.

Was also bleibt dem Gärtner hier zu tun übrig? Er soll sich freuen und trösten und es für eine ganz große Gnade halten, im Garten eines so großen Herrn arbeiten zu dürfen. Da er weiß, daß er mit dieser Mühe den Herrn erfreut, und seine Absicht es ja ist, Gott und nicht sich selbst zufriedenzustellen, soll er ihn fest loben wegen des großen Vertrauens, das ihm zuteil wird, weil er nämlich sieht, daß Gott auf etwas, das dem Gärtner empfohlen worden ist, ohne daß dieser etwas Entsprechendes dafür leistete, so sehr achtet. Er helfe ihm, das Kreuz zu tragen und bedenke, daß dieser sein ganzes Leben unter dem Kreuz zubrachte und verlange nicht schon hier auf Erden nach seinem Reich. Er gebe das Beten niemals auf, vielmehr entschließe er sich, auch wenn die Unlust beim Beten das ganze Leben lang andauern sollte, Christus mit dem Kreuz nicht zu Boden stürzen zu lassen, denn es kommt die Stunde, in der ihm alles auf einmal vergolten wird. Er habe keine Bedenken, daß die Mühen umsonst seien, denn er dient einem guten Herrn, der ihn immer anblickt. Auf dumme Gedanken soll er gleich gar nichts geben, sondern bedenke, daß der Böse sie dem hl. Hieronymus in der Wüste auch vorgaukelte. Diese Mühsale haben ihren Wert. Als eine, die sie viele Jahre hindurch erlitten hat, und die dachte, von Gott eine Gnade zu erhalten, sobald sie auch nur einen Tropfen aus diesem beseligenden Brunnen geschöpft hatte, weiß ich gut genug, daß die Mühsale riesengroß sind, und meine, es braucht dafür mehr Mut als für viele andere Leiden auf dieser Welt. Aber ich habe auch klar gesehen, daß Gott schon in dieser Welt nichts ohne Belohnung läßt. Es ist ganz gewiß so, daß durch eine einzige von den Stunden, in denen sich der Herr mir nachher hier auf Erden zu verkosten gab, all die Ängste aufgewogen sind, die mich beim Durchhalten im Gebet lange Zeit hindurch bedrückten» (V 11,9–11).

Die Gotteserfahrung Teresas trug zu ihrer eigenen menschlichen Entfaltung mit bei: Sie erhält Hilfe in ihren geistlichen Zweifeln und im Gebetsleben, sie wird mutiger, ja selbst die Furcht vor dem Tod verschwindet.
«Als ich bei dieser vornehmen Dame weilte, von der ich erzählt habe[2], und wieder einen starken Herzanfall erlitt, wie das öfters vorkam, jetzt allerdings nicht mehr, da lud sie mich einmal ein, aus ihrer Schatzkammer Goldjuwelen

und Edelsteine zu holen, von denen sie sehr wertvolle besaß, besonders einen, der sehr geschätzt war. Sie war sehr gut zu mir und dachte, daß sie mir damit eine Freude machte. Ich mußte innerlich lachen und empfand Mitleid mit den Menschen, die so etwas hochschätzten, und dachte daran, was der Herr uns bereit hält. Ich überlegte auch, wie es mir, selbst wenn ich mich noch so sehr anstrengte, unmöglich wäre, diese Dinge für etwas zu halten, außer der Herr würde mir die Erinnerung an anderes auslöschen.

Das bedeutet für die Seele einen so großen Gewinn, daß es, glaube ich, keiner verstehen kann, wenn er es nicht selbst erfahren hat, denn es ist wirklich eine völlige Loslösung, da sie ohne unser Zutun vor sich geht: Gott bewirkt dabei alles, und Seine Majestät zeigt diese Wahrheiten so, daß sie fest eingeprägt bleiben, und einer klar sehen kann, daß wir auf diese Weise das alles nicht in so kurzer Zeit erreichen könnten.

Aufgrund dieses Erlebnisses blieb mir auch nur eine ganz geringe Angst vor dem Tod, den ich immer sehr gefürchtet habe. Jetzt kommt es mir ganz leicht vor, wenn man Gott dient, denn in einem Augenblick sieht sich die Seele aus diesem Kerker befreit und in Wonne versetzt. Wenn Gott den Geist erhebt und ihn in den Verzückungen so Einzigartiges sehen läßt, dann scheint mir das dem Scheiden der Seele aus dem Leib sehr ähnlich zu sein, denn in einem Augenblick gelangt die Seele in den Besitz all dieser Güter. Von den Leiden, die dieses Scheiden verursacht, wollen wir jetzt nicht reden, auf die darf man nur wenig geben; wer Gott wirklich geliebt und den Dingen dieses Lebens entsagt hat, der wird viel sanfter sterben» (V 38,4–5).

Mit der Angst vor dem Tod überwindet Teresa mit Hilfe Gottes
auch andere Ängste und Unsicherheiten und wird innerlich ge-
stärkt:
«Ich kommunizierte und nahm an der Messe teil, ohne zu
wissen, wie mir geschah. Es war mir, als sei es nur für
kurze Zeit gewesen, und so war ich ganz erstaunt, als die
Uhr schlug und ich merkte, daß ich zwei Stunden in dieser
Verzückung und Herrlichkeit verbracht hatte. Ich war
dann ganz erstaunt, wie ich beim Näherkommen an diese
Flamme, die von oben, von einer echten Liebe zu Gott zu
kommen scheint – so sehr ich nämlich auch wollte und
mich drum bemühte und anstrengte, so könnte ich doch
nicht auch nur einen Funken davon entfachen, wenn nicht
Seine Majestät es gewährte, – wie es also da ist, als verzehre
diese Flamme den alten Menschen mit seinen Fehlern, seiner Schwäche und seinem ganzen Elend, und wie dieser
nach Art des Vogels Phönix, wie ich gelesen habe, ganz
verwandelt aus der Asche emporsteigt: Genauso wird die
Seele danach anders, besitzt anderes Verlangen und große
Stärke. Sie scheint nicht mehr so zu sein wie vorher, sondern setzt ihren Weg zum Herrn gereinigt fort. Als ich
Seine Majestät darum bat, daß er es auch mir so ergehen
lassen solle, und mich von neuem anfangen lasse, ihm zu
dienen, sagte er mir: ‹Das ist ein guter Vergleich; schau,
daß du ihn nicht vergißt, damit du immer besser wirst!›»
(V 39,23).
«Zuweilen, ja fast gewöhnlich, wenigstens meistenteils
empfand ich nach Beendigung der Kommunion Ruhe,
und manchmal war mir, wenn ich mich nur dem Sakrament nahte, so wohl an Seele und Leib, daß ich mich wunderte. Es kam mir nicht anders vor, als wenn sich in einem
Augenblick alle Ängste der Seele auflösten, und ich wie

nach einem Sonnenaufgang all meine Dummheiten erkennen würde, in denen ich gelebt hatte. Andere Male wurde ich durch ein einziges Wort, das mir der Herr sagte, wie z. B. ‹Sei unbekümmert! Hab keine Angst!› oder einfach durch das Erleben einer Vision von der Angst so befreit, wie wenn nichts gewesen wäre. Ich hatte bei Gott meine Freude, ich beklagte mich aber auch bei ihm, warum er denn zustimme, daß ich so viele Leiden zu erdulden hätte; aber dafür wurde mir auch wieder reichlich vergolten, denn fast immer überhäufte er mich danach mit seinen Gaben. Es ist gerade so, als entstiege die Seele wie Gold einem Schmelztiegel, glänzender und strahlender, um in sich den Herrn zu betrachten. Auf diese Weise verlieren die Leiden ihre Schwere, auch wenn sie einem unerträglich vorkommen, und man sehnt sich nach neuen Leiden, wenn man dem Herrn so mehr dienen kann. Wenn die Drangsale und Verfolgungen auch zunehmen, so wird daraus ein noch größerer Gewinn, sobald man sie ohne den Herrn zu beleidigen, voll Freude für ihn erleidet, wobei man sie allerdings nicht so unvollkommen ertragen darf wie ich das tue» (V 30,14).

Offensichtlich befähigt die Gotteserfahrung den Menschen nicht nur zum Ertragen seelischer und körperlicher Leiden, sondern gibt ihm auch natürlich-menschliche Fähigkeiten und läßt ihn Wahrheiten erkennen, die ihm sonst verschlossen sind. Teresa berichtet von den Auswirkungen des «dritten Wassers» über sich selbst:

«Mein Gott, wie ergeht es da einer Seele! Sie wünschte, daß alles in ihr zu einer Stimme würde, um den Herrn zu loben. In heiliger Begeisterung sagt sie tausendmal Unpassendes, passend jedoch, um den zu erfreuen, der sie in diesen Zustand bringt. Ich kenne jemand[3], dem es gelang, in kurzer Zeit sehr tiefsinnige *Verse zu schreiben*, ohne selbst Dichterin zu sein, und so sein Leid mitzuteilen – Verse, die sie nicht in ihrem Verstand zusammengereimt hat, sondern in denen sie sich bei ihrem Gott beklagte, um die Glorie wegen eines so wonniglichen Schmerzes noch mehr zu genießen.

Selbst Leib und Seele wollte sie drangeben, um das Glück zu zeigen, das sie bei diesem Leid fühlt. Was für Leiden gibt es für sie, die sie nicht mit Wonne für den Herrn durchstehen könnte? Sie sieht deutlich, daß die Martyrer von ihrer Seite aus nichts taten, um diese Leiden durchzustehen, denn die Seele erkennt genau, daß ihr die Kraft von einer anderen Seite her zukommt. Aber was wird sie erst empfinden, wenn ihr wieder klar wird, daß sie in dieser Welt lebt und zu den Sorgen und Verpflichtungen der Welt zurückkehren muß?» (V 16,4).

«Andere Male scheint es, als habe die Seele ein ganz starkes Verlangen nach Gott und sage zu sich selbst: ‹Wo ist dein Gott?›[4]. Es ist zu bemerken, daß ich nicht genau wußte, wie die muttersprachliche Fassung dieses Verses lautete; als ich ihn jedoch verstanden hatte, war es mir sehr tröstlich, weil ich feststellte, daß der Herr ihn mir zu verstehen gegeben hatte, ohne daß ich mich darum bemüht hatte» (V 20,11).

«Ich sage es nochmals, daß es meiner Meinung nach nicht gut möglich ist, daß eine Seele es nicht deutlich merkt, wenn sie selbst Sätze bildet und ausspricht, sobald sie etwas vom Geist Gottes verstanden hat. Andernfalls könnte sie ihr ganzes Leben lang in dieser Täuschung verbleiben und meinen, sie versteht etwas, auch wenn ich nicht weiß, wie das gehen soll. Wie gesagt, das ist meiner Meinung nach nicht möglich, außer eine Seele ist so gewissenlos, daß sie sich verstellen wollte, was allerdings sehr schlecht wäre, und behauptete, daß sie innere Ansprachen hätte, obwohl es gar nicht stimmt. Entweder will diese Seele etwas vernehmen oder nicht; wenn sie wegen dem, was sie vernimmt, niedergeschlagen ist und wegen tausend Ängsten und aus vielen anderen Gründen, die es geben kann, um bei der Betrachtung innerlich ruhig und ohne all das sein zu können, und deswegen also lieber gar nichts vernehmen würde, wie könnte sie dann dem Verstand so viel Freiraum geben, daß er sich innere Ansprachen ausdenken mag? Um das tun zu können, dazu braucht man Zeit. In diesem Fall aber, den ich meine, werden wir in einem Augenblick unterrichtet, und man versteht Dinge, für die man vielleicht einen Monat zu brauchen meinte, um sie sich zurechtzumachen, und selbst der Verstand und die Seele sind über manches, was sie da verstehen, erstaunt.

So ist das, und wer Erfahrung hat, wird feststellen, daß alles buchstäblich so zutrifft, wie ich es sagte. Ich lobe Gott, da es mir gelang, es so auszudrücken, und möchte schließen, indem ich sage, daß wir die Ansprachen, wenn sie von unserem Verstand ausgehen, haben können, sobald wir wollen, und jedesmal, wenn wir im Gebet sind, könnte es uns scheinen, etwas zu verstehen. Wenn sie aber von Gott ausgehen, dann ist das nicht so, sondern es können viele Tage vergehen, an denen ich nichts verstehe, auch wenn ich es gerne wollte, und an anderen Tagen, wenn ich gar nicht will, vernehme ich etwas» (V 25,8f.)

Teresa erlebt, wie sie mit Hilfe der Gotteserfahrung kritischer wird und die Unaufrichtigkeiten ihrer Mitmenschen besser durchschaut:

«Bisweilen lächelt die Seele, die im ‹vierten Wasser› angekommen ist, wenn sie sieht, wie ernsthafte und dem Gebet
ergebene Persönlichkeiten und Ordensleute um einige
Ehrenpunkte viel Aufhebens machen, über die sich diese
Seele schon hinweggesetzt hat. Man sagt zwar, die Klug-
heit und die Würde ihres Standes würde das zum größeren
Nutzen der anderen verlangen, aber die Seele weiß sehr
gut, daß es mehr Nutzen stiften würde, wenn man aus
Liebe zu Gott einen Tag lang diese Standeswürde hintan-
setzt, als man mit ihr in zehn Jahren gewinnt (V 21,10).

Der vielleicht wichtigste und umfassendste Nutzen der Gotteser-
fahrung liegt darin, daß sie hilft, die Kluft zwischen der erkann-
ten Wahrheit und dem Zustand der Welt, den Gegensatz zwi-
schen Ideal und Wirklichkeit, durchzustehen. Das wichtigste
Ziel der Begnadung eines Menschen liegt, so sieht es Teresa, in
der Stärkung zur Nachfolge Christi:
«Alles, was ich mit den Augen des Leibes sehe, kommt mir
wie ein Traum vor, wie ein einziger Schwindel, was ich
aber mit den Augen der Seele gesehen habe, das ist es, was
diese ersehnt, und da sie sich noch fern davon erblickt, so
ist ihr das wie das Sterben. Schließlich ist es eine ganz
große Gnade, die der Herr denen erweist, denen er solche
Visionen gewährt, denn das bedeutet für die Seele eine
große Hilfe, auch um ein schweres Kreuz zu tragen, denn
nichts stellt sie zufrieden, alles ist ihr zuwider. Und wenn
der Herr nicht manchmal zuließe vergessen zu können,
selbst wenn man doch immer wieder daran denkt, dann
weiß ich nicht, wie man leben könnte» (V 38,7).
«Es wird gut sein, wenn ich euch sage, mit welcher Absicht der Herr in dieser Welt so viele Gnaden schenkt.
Wenn ihr es auch an ihren Auswirkungen bereits gemerkt

habt, falls ihr achtgegeben habt, so möchte ich es euch doch erneut sagen, damit keine meint, es sei allein, um diese Seelen zu beschenken – das wäre ein großer Irrtum, – denn Seine Majestät kann uns keine größere Gnade geben, als uns ein Leben zu schenken, das in der Nachfolge seines so geliebten Sohnes besteht. Und so halte ich es für sicher, daß diese Gnaden da sind, um unsere Schwachheit zu stärken, wie ich hier schon einige Male gesagt habe, um ihm im großen Leiden nachfolgen zu können.

Immer konnte man feststellen, daß diejenigen, die Christus, unserem Herrn, am nächsten waren, auch die größten Leiden durchstanden. Schauen wir doch, was seine glorreiche Mutter und die glorreichen Apostel erlebten. Wie meint ihr, hätte wohl der hl. Paulus all die ungeheuren Mühen bewältigen können? An ihm können wir gut sehen, welche Auswirkungen die echten Visionen und die echte Kontemplation haben, wenn sie von unserem Herrn stammen und nicht Einbildung oder Vortäuschung des Bösen sind. Hat er sich vielleicht, mit diesen Gnaden beschenkt, zurückgezogen, um sie zu genießen und sich um nichts anderes mehr zu kümmern? Nein, ihr wißt, daß er tagsüber keine Zeit zum Ausruhen hatte, soweit wir das feststellen können, und genausowenig wird er nachts Zeit dafür gehabt haben, da er ja dann seinen Lebensunterhalt verdiente. Ich denke da oft auch gern an den hl. Petrus, als er aus dem Kerker floh und ihm unser Herr erschien und ihm sagte, er gehe nach Rom, um von neuem gekreuzigt zu werden; immer wenn wir dieses Fest gerade feiern, gereicht es mir zu besonderem Trost. Wie verhielt sich der hl. Petrus angesichts dieser Gnade des Herrn und was tat er? Er nahm den Tod auf sich» (7 M 4f).

Es ist keine Zurücksetzung, wenn ein Mensch nicht durch diese Gnaden ausgezeichnet wird, es bedeutet auch keine größere Heiligkeit, möglichst viele solche Gnaden zu empfangen; sie sind für den Menschen auf dem Weg der Nachfolge Christi eine Hilfe: «Ihr müßt beachten, daß man durch den reichen Empfang dieser Gnaden nicht mehr Glorie verdient, denn je mehr einer empfängt, desto größer ist auch die Verpflichtung zum Dienst. Da, wo man mehr verdienen kann, nimmt uns der Herr nichts weg, denn das liegt in unserer Hand; und so gibt es viele heilige Menschen, die gar nicht wußten, was es heißt, eine dieser Gnaden zu empfangen, und andere, die sie empfangen, aber durchaus nicht heilig sind ... Doch stimmt, daß all das eine ganz große Hilfe bedeutet, um in noch größerer Vollkommenheit Tugenden zu erhalten; aber wer sie dadurch besitzt, daß er sie durch eigenes Abmühen erworben hat, der verdient auch viel mehr» (6 M 9,20).

Gotteserfahrung trägt, wenn sie echt ist, zur Vervollkommnung und Bereicherung des gesamten Menschen bei, in seiner geistig-geistlichen und leiblichen Dimension. Damit ist ein wichtiger Wirkungsbereich der Gotteserfahrung genannt, den Texten Teresas nach jedoch nicht der wichtigste. Von größerer Bedeutung scheint ihrer Meinung nach die Auswirkung eines gottverbundenen Lebens auf das Verhältnis zum Mitmenschen. Das Verhalten zum Mitmenschen ist für sie der Prüfstein für die Echtheit der Gottesliebe und überhaupt der gesamten Frömmigkeit. Je inniger die Liebe zu Gott, je intensiver die Gotteserfahrung und die mystische Begnadung sind, desto mehr wird sich das in der Liebe zu den Mitmenschen zeigen. In der siebten Wohnung, also dem erhabensten mystischen Stadium, der «geistlichen Vermählung», heißt es:

«Meine Schwestern! Wie sehr muß die Seele ihre Ruhe vergessen, wie wenig auf Ansehen und Ehre achten und wie wenig darf es ihr etwas ausmachen, wenn sie für nichts gehalten wird, sobald der Herr in so einzigartiger Weise in ihr wohnt, denn wenn sie viel mit ihm zusammen ist, wie es sich gehört, dann wird sie wohl nur wenig an sich denken. Ihr ganzes Denken richtet sich darauf, wie sie ihm noch mehr Freude bereiten und wie und wodurch sie ihm die Liebe, die sie zu ihm hat, zeigen kann. Dazu ist das Gebet da, meine Töchter; das ist das Ziel dieser geistlichen Vermählung, daß ihr immerfort Werke entsprießen, Werke.

Das ist das wahre Kennzeichen dafür, daß etwas eine Gnade ist, die von Gott kommt, wie ich euch schon gesagt habe, denn es nützt mir wenig, wenn ich allein zurückgezogen lebe, dabei mit unserem Herrn Feste feiere und mir vornehme und verspreche, in seinem Dienst Wunderwerke zu vollbringen, dann aber, wenn ich von dort weggehe und sich die Gelegenheit zu all dem bietet, genau das Gegenteil tue.

Ich drückte mich schlecht aus, als ich sagte, es nützte mir wenig, denn alles, was man zusammen mit Gott tut, ist sehr förderlich. Wenn wir auch schwach sind, unsere Entschlüsse hernach in die Tat umzusetzen, so wird es uns der Herr doch einmal geben, wie wir es tun können, selbst wenn es uns vielleicht gerade dann hart ankommt, wie es ja oft ist. Sieht er, daß eine Seele sehr feig ist, dann gibt er ihr, auch gegen ihren Willen, große Mühsal, und läßt sie mit Gewinn daraus hervorgehen. Danach, sobald dies die Seele merkt, verliert sie ihre Furcht immer mehr, so daß sie sich ihm mehr anbietet. Ich wollte sagen, daß es wenig ist im Vergleich zu dem viel Größeren, wenn die Werke mit den Gebärden und Worten übereinstimmen; wer von euch aber nicht alles zusammen tun kann, der mache eins ums andere. Er soll seinen Willen beugen, wenn er will, daß ihm das Gebet etwas nützt, denn hier innerhalb dieser engen Mauern wird es nicht an Gelegenheiten fehlen, um das tun zu können.

Schaut, es ist sehr wichtig diese Gelegenheiten wahrzunehmen, viel mehr als ich es euch ans Herz legen kann. Richtet eure Augen auf den Gekreuzigten und alles wird euch leichtfallen. Wenn Seine Majestät uns seine Liebe mit solch großartigen Werken und Leiden zeigte, wie wollt ihr ihn nur mit Worten abspeisen? Wißt ihr, was es heißt, wirklich geistlich zu sein? Sich zu Sklaven Gottes zu machen, die er, nachdem er ihnen sein Siegel, das Kreuz, eingebrannt hat, als Sklaven der ganzen Welt verkaufen kann, wie er es war, womit er ihnen kein Unrecht, vielmehr eine nicht geringe Gnade erweist. Wenn sie sich aber nicht dazu entschließen, dann brauchen sie nicht zu befürchten, daß sie große Fortschritte machen, denn das Fundament dieses gesamten geistlichen Bauwerks ist die Demut, und wenn diese nicht wirklich da ist, wird es der Herr, allein schon zu eurem eigenen Nutzen, nicht sehr hoch bauen, damit nicht alles zu Boden stürzt.

Bemüht euch also, Schwestern, damit dieses Gebäude auf festem Fundament ruhe, die geringste von allen seiner Sklavinnen zu sein, und schaut, wie und auf welche Weise ihr den anderen gefallen und zu Diensten sein könnt. Denn was ihr dabei tut, das tut ihr mehr für euch als für die anderen und legt somit so feste Grundsteine, daß euch die Burg nicht einstürzt.

Ich möchte euch erneut sagen, daß es dazu nicht reicht, wenn ihr euer Fundament nur auf das Beten und die Kontemplation gründet, denn wenn ihr euch nicht um Tugenden und um ihre Übung bemüht, dann werdet ihr immer Zwerge bleiben. Gebe Gott aber, daß es nur ein Nicht-Wachsen ist, denn ihr wißt ja, daß einer, der nicht wächst, abnimmt, denn ich halte es für unmöglich, daß die Liebe, wo sie da ist, sich damit begnügt, stehenzubleiben» (7 M 4,6–10).

Die Nächstenliebe nimmt unter dem Einfluß der Gotteserfahrung heroische Züge an und gehört zu den Wirkungen, die der gute Geist im Menschen bewirkt:
«Aber zum ersten, das heißt zur Bereitschaft, Unrecht zu erleiden und ihm auch dann nicht aus dem Weg zu gehen, wenn es mit vielen Leiden verbunden ist, meine ich, daß einer, der vom Herrn schon die Gnade erhalten hat, bis zum Gebet der Vereinigung zu gelangen, diese Haltung schnell erreicht; wenn er aber diese Wirkungen nicht feststellt und nach dem Gebet darin nicht gestärkt ist, so soll er glauben, daß diese Gnade nicht von Gott stammt, sondern irgendeine Illusion oder ein Geschenk des Bösen ist, damit wir uns für geehrter halten. Es ist allerdings möglich, daß die Seele zu Beginn solcher Gnadenerweise von seiten des Herrn, später nicht mehr, jedoch noch nicht so stark ist. Ich meine aber, daß sie, wenn er sie weiter damit beschenkt, in kurzem stark wird, und wenn sie diese Stärke auch in keiner anderen Tugend besitzt, so doch sicher beim Verzeihen können. Denn ich kann einfach nicht glauben, daß eine Seele, die der Barmherzigkeit so nahe gekommen ist und erkennt, wer sie ist und wieviel Gott ihr gegeben hat, daß also eine solche Seele es nicht fertigbrächte zu verzeihen und nicht geneigt wäre, zu dem wieder gut zu sein, der sie beleidigt hat, da sie ja das Geschenk

und die Gnade vor Augen hat, die Gott ihr erwiesen hat. Darin sieht sie Zeichen seiner großen Liebe, und so ist sie glücklich, wenn sich ihr eine Gelegenheit bietet, um ihm ihre Liebe zu zeigen.

Ich sage nochmals, daß ich viele Menschen kenne, die der Herr durch seine Gnade zu übernatürlichen Dingen erhoben hat, indem er ihnen dieses Gebet [der Ruhe] oder die Kontemplation schenkte, wie ich sagte. Wenn ich an ihnen auch andere Fehler und Unvollkommenheiten feststellte, so sah ich doch niemand, der diesen Fehler, nicht verzeihen zu können, noch gehabt hätte, noch glaube ich, daß er ihn haben wird, wenn die Gnaden von Gott kommen, wie ich sagte. Wer größere Gnaden empfängt, soll schauen, wie diese Wirkungen allmählich zunehmen. Und wenn er an sich keine feststellt, dann soll er sehr vorsichtig sein und nicht glauben, daß diese Geschenke von Gott stammen, denn wohin er auch kommt, er macht die Seele immer reicher. Das ist sicher: Auch wenn seine Gnade und sein Geschenk schnell vorbeigehen, so erkennt man sie doch allmählich am Nutzen, der einer Seele davon bleibt» (CV 36,11–13).

Für das hier erwähnte «Gebet der Ruhe», das zu den ersten mystischen Gebetsarten gehört, ist nach Teresa die Bereitschaft zum Verzeihen bezeichnend. Fehlt diese – und das ist gerade im Übergangsstadium von der Meditation zur Kontemplation ein konkretes Kriterium, – kann auch nicht die Rede von übernatürlich-göttlicher Aktivität im Menschen sein.

Die Bereitschaft zum Leiden und die Feindesliebe ist nach Meinung Teresas die zweite Wirkung, welche die mystische Vermählung aufweist:

«Die zweite Wirkung ist ein großes Verlangen nach Leiden, aber nicht so, daß es sie beunruhigt hätte wie früher, denn die Sehnsucht, die diese Seelen haben, daß sich der Wille Gottes in ihnen erfülle, ist so groß, daß sie alles, was Seine Majestät tut, für gut halten: Wenn er will, daß sie leidet, dann gut, wenn nicht, so bringt sie sich deswegen auch nicht um.

Diese Seelen haben auch eine große innere Freude, wenn sie verfolgt werden; das bringt ihnen einen viel größeren Frieden als früher, und ohne daß sie dabei denen gegenüber Feindschaft empfinden, die ihnen Böses antun oder antun wollen, ja, im Gegenteil, sie erweisen ihnen eine besondere Liebe, und zwar derart, daß es ihnen innerlich weh tut, wenn sie sie in einer Mühsal sehen, und so wenden sie jedes nur denkbare Mittel an, um sie daraus zu befreien; sie empfehlen sie Gott mit großer Freude und würden gern die Gnadengeschenke, die ihnen der Herr macht, drangeben, daß er sie denen erweist, damit sie ja unseren Hern nicht beleidigen» (7 M 3,2–3).

Eine weitere Wirkung der Gotteserfahrung im Verhalten zum Mitmenschen ist die apostolische Begeisterung. Teresa selbst ist dafür das beste Beispiel. Erst als sie auf ihrem «Weg zu Gott» den Zustand einer gewissen inneren Stabilität erreicht hatte, begann sie sich ganz für ihre Mitmenschen zu öffnen. Zunächst war sie selbst hin- und hergerissen zwischen dem Verlangen nach Zurückgezogenheit und dem Wunsch, mitten in der Welt zu leben, um Seelen zu retten:

«Gott gibt diesen Seelen ein so heftiges Verlangen ein, ihm in nichts zu mißfallen, auch nicht in der kleinsten Sache, und auch nicht, wenn sie es fertigbrächten, eine einzige Unvollkommenheit zu begehen, daß sie schon allein deswegen, wenn nicht noch aus weiteren Gründen, vor den

Menschen fliehen wollten und vor allem die beneiden, die als Einsiedler leben und gelebt haben. Auf der anderen Seite möchte sie sich mitten in die Welt stürzen, um zu sehen, ob sie mit dazu beitragen könnten, daß eine Seele Gott mehr lobe.

In der siebten Wohnung, der «mystischen Vermählung», hat diese innere Unruhe und Zerrissenheit einer völligen Ergebenheit in den Willen Gottes Platz gemacht. In diesem Zustand bedeutet der apostolische Einsatz nicht mehr Gefährdung oder Schmälerung des geistlichen Gespräches mit Gott in Zurückgezogenheit und Stille. Sinn und Ziel dieser geistlichen Ehre ist es, «daß ihr immerfort Werke entsprießen, Werke» (7 M 4,6), so daß man sagen kann: Je inniger die Liebe zu Gott, das Leben in der Vereinigung mit Gott ist, desto universeller, wirkungsvoller und tapferer muß die Nächstenliebe sein. Nur aus dieser Sicht können wir verstehen, wenn Teresa Aussagen wie die folgende macht:

«Mehr als sonst spüre ich in mir ein überaus großes Verlangen, daß Gott Menschen habe, und zwar besonders Gelehrte, die ihm in aller Loslösung dienen und sich an nichts Irdischem auf der Welt festhalten, das nichts anderes als Lüge ist. Da ich die großen Nöte der Kirche vor Augen habe, und diese mich so sehr bedrücken, daß es meiner Meinung nach Unrecht wäre, über etwas anderes Schmerz zu empfinden, mache ich nichts anderes, als die gelehrten Theologen Gott zu empfehlen. Ein Mensch nämlich, der ganz vollkommen ist und sich mit ganzer Liebe Gott geschenkt hat – das sehe ich deutlich –, der vermag mehr Nutzen zu stiften als viele Menschen, die lau und mittelmäßig sind.

Was meinen Glauben angeht, so fühle ich mich sehr gestärkt. Ich glaube, ich würde mich ganz allein allen Lutheranern zusammen entgegenstellen, um sie von ihrem Irrtum zu überzeugen. Ich bedauere sehr den Verlust so vieler Seelen. Ich sehe, daß viele vorangeschritten sind, und, soweit ich erkenne, hat Gott das durch meine Hilfe geschehen lassen wollen; ich erkenne auch, daß meine Seele durch seine Güte jeden Tag in der Liebe zu ihm wächst» (CC 3,7–8).

Über das Gebet und den Einsatz für die anderen Menschen hinaus wird Teresa selbst zum Werkzeug der Heiligung anderer. Das weiß sie, ja sie fühlt sich vom Herrn geradezu beauftragt dazu. Davon spricht sie im folgenden Text bei der Erklärung des «vierten Wassers», wo sie über außerordentliche mystische Phänomene spricht:

«Auch möchte ich über die Gnaden und ihre Auswirkungen sprechen, die in der Seele bleiben, und darüber, was sie von sich aus tun kann oder woran sie Anteil hat, um in einen so erhabenen Stand zu kommen.

Ich erlebe, daß es zu dieser Erhebung des Geistes oder Vereinigung mit der himmlischen Liebe kommt, wobei meiner Meinung nach innerhalb der Vereinigung selbst ein Unterschied zwischen der Vereinigung und der Erhebung besteht. Wer das noch nicht selbst erlebt hat, hält das nicht für möglich, aber ich bin der Meinung, daß hier der Herr auf verschiedene Weise am Werk ist, obwohl es im Grunde die gleiche Sache ist, wobei er im Geistesflug es sehr fördert, vom Geschaffenen, an dem man hängt, freizuwerden. Ich habe deutlich gesehen, daß das eine besondere Gnade ist, auch wenn alles eins ist oder zu sein scheint. Auch ein kleines Feuer ist ja genauso Feuer wie ein großes, und trotzdem kann man den Unterschied sehen, der zwischen beiden besteht: Bis ein Stück Eisen in einem kleinen Feuer zum Glühen kommt, braucht es viel Zeit, während es in einem großen Feuer, auch wenn es ein größeres Stück Eisen ist, sehr schnell seine Eigenart als Eisen zu verlieren scheint. So scheint es mir bei diesen beiden Arten von Gnaden zu sein, die der Herr schenkt, und ich weiß, daß es einer, der selbst Verzückungen erlebt hat, gut verstehen wird. Wenn nicht, dann wird ihm alles unsinnig vorkommen, und das kann auch zutreffen, denn wenn so eine wie ich darüber sprechen und etwas verständlich machen will, wofür es unmöglich zu sein scheint, auch nur Worte zu finden, um zu beginnen, dann braucht man nicht viel, daß alles unsinnig erscheint. Aber ich glaube, daß der Herr mir dabei helfen wird, denn Seine Majestät weiß, daß es nach der Erfüllung der Gehorsamspflicht mein Ziel ist, durch das Mitteilen der mystischen Gnaden die Seelen zu einem so großen Gut heranzulocken.

So werde ich nichts sagen, was ich nicht lange zuvor selbst erlebt habe» (V 18,5–7).

«Und so schreibe ich das zum Trost der Seelen, die so schwach sind wie ich, damit sie niemals verzweifeln noch das Vertrauen auf die Größe Gottes aufgeben. Auch wenn sie wieder zu Boden stürzen, nachdem sie so hoch gestiegen waren, daß sie beim Herrn weilten, sollen sie sich doch nicht entmutigen, wenn sie nicht alles verlieren wollen, denn Tränen gewinnen alles; Wasser zieht wieder Wasser an.

Das ist einer der Gründe, die mich ungeachtet meiner Unwürdigkeit ermutigten, durch dieses mein Schreiben der Gehorsamspflicht nachzukommen und Rechenschaft über mein schlechtes Leben und die Gunsterweise abzulegen, die mir der Herr erwiesen hat, obwohl ich ihm nicht gedient, sondern ihn beleidigt habe. In diesem Punkt, ja nicht aufzugeben, würde ich gern große Macht haben, damit man mir Glauben schenkt; so bitte ich zum Herrn, daß sie Seine Majestät mir gebe» (V 19,4).

Teresa möchte durch die Darstellung ihrer verfehlten Frömmig-keitsformen die anderen vor den gleichen Irrtümern bewahren[5] und die Täuschungen des Bösen entlarven, um den anderen zu nützen. Sie möchte den Menschen Mut machen, indem sie ihr ei-genes schlechtes Leben darstellt.

«Das Gesagte soll mithelfen, daß der wahre Diener Gottes wenig auf diese Schreckbilder gebe, welche die bösen Gei-ster ihm vorgaukeln, um Furcht und Schrecken zu erre-gen. Man soll wissen, daß diese jedes Mal weniger vermö-gen, die Seele aber immer mehr die Oberhand gewinnt, sobald man wenig auf sie gibt» (V 31,10).

«Es fällt mir schwer, über die Gnaden, die mir der Herr erwies, noch mehr zu sagen, denn die genannten sind schon zu zahlreich, als daß man glauben könnte, daß er sie einem so schlechten Menschen erwiesen hat. Aber um dem Herrn, der es mir aufgetragen hat, und Ihnen[6] zu ge-horchen, werde ich zu seiner Ehre noch mehr berichten. Gebe es Seine Majestät, daß es dem einen oder anderen von Nutzen sei, wenn er sieht, daß es dem Herrn gefiel, zu et-was so Schlechtem so gut zu sein – was wird er erst einem antun, der ihm in Wahrheit gedient hat? So mögen sie Mut fassen, Seiner Majestät Freude zu machen, da er schon in diesem Leben eine solche Belohnung gibt» (V 37,1).

«In einer Frage, die ich gern verstanden hätte, gab mir der Herr einmal Licht und Klarheit, danach aber vergaß ich es wieder und es fiel mir nicht wieder von neuem ein. Als ich darüber nachdachte, vernahm ich folgendes: ‹Du weißt,

daß ich manchmal zu dir spreche; unterlaß nicht, das auf-
zuschreiben, denn, auch wenn es dir selbst nicht zum Nutzen gereichen sollte, so könnte es doch den anderen nützen.› Und als ich mir dann Gedanken machte, ob denn
jemand durch meine Sünden gerettet werden, ich aber
verlorengehen könnte, sagte er mir: ‹Hab' keine Angst!›»
(CC 52).

«Einmal hatte mich der Herr länger als eine Stunde Wun-
derbares sehen lassen, so daß ich glaubte, er würde gar
nicht mehr aufhören damit. Da sagte er mir: ‹Schau,
Tochter, was die verlieren, die gegen mich sind; hör' nicht
auf, es ihnen zu sagen!›» (V 38,3).

*Diese Erfahrung findet in Teresas «Innerer Burg» – im Gegen-
satz zum «Leben» ein mehr systematisches Werk, obwohl es auf
ihren eigenen Erfahrungen aufbaut – ihren Niederschlag:*
«Meiner Meinung nach ist es nicht Gottes Wille, daß eine
so große Gnade umsonst verliehen wird, sondern daß sie,
wenn schon nicht der betreffenden Seele selbst, so doch
anderen zum Nutzen gereicht. Solange sie dem schon genannten Verlangen und dem Tugendstreben treu bleibt, ist
sie anderen immer von Nutzen und erwärmt andere mit
ihrer innerlichen Wärme. Selbst wenn diese einem schon
verlorengegangen ist, so bleibt einem doch noch das Verlangen, daß andere davon Nutzen haben, und so macht es
einem Freude, die Gnaden darzustellen, die Gott dem erweist, der ihn liebt und ihm dient» (5 M 3,1).

*Im Jahre 1538 hatte Teresa, als sie in Becedas zur Kur weilte,
ein Erlebnis, das beispielhaft dafür ist, wie im Leben Teresas
geistliches Leben und Verhalten zu den Mitmenschen zusam-
menspielen.*

«In dem Ort, an den ich zur Kur ging, lebte ein Pfarrer mit guten Qualitäten und Geistesgaben und auch wissenschaftlich gebildet, wenn auch nicht so sehr. Bei ihm begann ich zu beichten, denn ich bin immer eine Liebhaberin der Wissenschaften gewesen, Halbgelehrte allerdings haben mir großen Schaden zugefügt, denn so gebildet wie ich sie gerne gewollt hätte, habe ich sie nie gefunden ...

Sobald ich also begann, bei dem erwähnten Priester zu beichten, faßte er bald eine äußerst große Zuneigung zu mir, denn damals, zu der Zeit, als ich gerade ins Kloster eingetreten war, hatte ich wenig zu beichten im Gegensatz zur großen Schuld später. Seine Zuneigung zu mir war an sich nicht schlecht, aber da sie zu groß war, hörte sie auf, gut zu sein. Er hatte genau verstanden, daß ich niemals in etwas einwilligen würde, das gegen Gott wäre, in keiner Weise, und er sagte, daß er auch so denke, und so war der Austausch sehr rege. Bei meiner damaligen Begeisterung für Gott gingen meine Unterhaltungen vorzugsweise über ihn; und da ich noch so jung war, brachte das den Pfarrer ganz durcheinander, als er es merkte. Wegen der großen Zuneigung, die er zu mir hatte, begann er mir den Zustand seiner Verderbtheit darzulegen, und diese war nicht gering, denn seit fast sieben Jahren lebte er in einem gefährlichen Zustand der Abhängigkeit und des Umgangs mit einer Frau aus dem Ort; und in dieser Verfassung hielt er Messe. Das war bereits öffentlich bekannt, so daß er Ehre und Ansehen verloren hatte, und es niemand mehr wagte, darüber zu sprechen. Mir tat er sehr leid, denn ich hatte ihn sehr gern. Darin bestand damals meine Oberflächlichkeit und Blindheit, daß ich es für eine Tugend hielt, jemandem, der mich liebte, dankbar und anhänglich zu sein. Verflucht sei jene Dankbarkeit, die so weit geht, daß sie sogar gegen

die Treue zu Gott ist! Das ist eine der Unsinnigkeiten, die
es in der Welt gibt, und der auch ich verfiel, während wir
doch alles Gute, das uns getan wird, Gott verdanken; wir
aber halten es für Tugend, eine Freundschaft nicht zu brechen, auch wenn es darum geht, gegen ihn zu handeln. O
Blindheit der Welt! Wäre es doch so gewesen, mein Herr,
daß ich all diesen Gepflogenheiten gegenüber untreu gewesen wäre, dafür aber dir gegenüber auch nicht in einem
Punkt! Aber wegen meiner Sünden war es genau umge-
kehrt!
Ich versuchte noch mehr über diesen Priester zu erfahren
und bei Leuten aus seinem Haus mich zu erkundigen; so
wurde mir seine Verlorenheit noch offenkundiger. Ich sah,
daß den Armen nicht so viel Schuld traf, denn die Un-
glückselige von Frau hatte ihm ein Bildchen in ein kupfer-
nes Amulett hineingezaubert und ihn gebeten, es aus Liebe
zur ihr um den Hals zu tragen, und niemand ist in der Lage
gewesen, es ihm wieder wegzunehmen.
Ich glaube zwar nicht im geringsten an diese Geschichten
von Zaubereien, aber ich sage das, was ich sah, damit die
Männer sich vor Frauen in acht nehmen, die es auf diese
Weise versuchen. Sie mögen wissen, daß diese auch nicht
das geringste Vertrauen mehr verdienen, sobald sie die
Gottesfurcht verloren haben, denn die Frauen sind mehr
als die Männer zu Ehrenhaftigkeit verpflichtet. Um nur ja
ihren Willen durchzusetzen und jene Anhänglichkeit zu
fördern, die der Böse ihnen vormacht, haben sie vor nichts
mehr Scheu. Trotz meiner Schlechtigkeit bin ich doch nie
in eine derartige Verfehlung gefallen, noch war ich darauf
aus, Böses zu tun, noch hätte ich mir die Zuneigung eines
anderen zu mir erzwingen wollen, weil mich der Herr davor bewahrt hat; aber wenn er mich hätte fallen lassen,

hätte ich das Böse, das ich tat, auch in diesem Punkt getan, denn auf mich kann man sich gar nicht verlassen.

Sobald ich das alles von ihm wußte, begann ich ihm noch mehr Zuneigung zu erweisen. Meine Absicht dabei war gut, mein Tun schlecht, denn um ein auch noch so großes Gut zu wirken, darf man selbst ein kleines Übel nicht begehen. Ich sprach mit ihm sehr häufig von Gott, und das mußte ihm von Nutzen gewesen sein, auch wenn ich glaube, daß in diesem Fall die Tatsache bestimmend war, daß er mich sehr gern hatte. Um mir einen Gefallen zu erweisen, kam er eines Tages und gab mir das Amulett, das ich in einen Fluß werfen ließ.

Nachdem das weg war, kam ihm, ähnlich einem, der aus einem tiefen Schlaf erwacht, allmählich zu Bewußtsein, was er in all diesen Jahren getan hatte. Er war über sich selbst erschrocken, bereute seine Verderbnis und kam schließlich so weit, daß er sein Tun verabscheute. Unsere Liebe Frau muß ihm wohl sehr geholfen haben, denn er verehrte das Geheimnis ihrer Empfängnis sehr, das er auch alljährlich mit großer Feierlichkeit beging. Schließlich gab er den Umgang mit dieser Frau ganz auf und konnte Gott gar nicht genug danken, daß er ihm Licht gegeben hatte. Nach Ablauf eines Jahres starb er genau an dem Tag, an dem ich ihn kennengelernt hatte. Er hatte schon viel im Dienst Gottes getan, denn in jener großen Zuneigung, die er zu mir hatte, sah ich nie etwas Schlechtes, wenn sie auch hätte noch reiner sein können. Aber es gab auch Augenblicke, in denen es zu schweren Beleidigungen Gottes gekommen wäre, wenn ich nicht Gott vor Augen gehabt hätte. Wie ich schon sagte, hätte ich damals nie etwas getan, was ich als schwere Sünde empfunden hätte, und diese meine entschlossene Haltung, glaube ich, half ihm, zu mir

Zuneigung zu empfinden. Ich glaube tatsächlich, daß alle Männer die Frauen bevorzugen, die mehr auf dem Weg der Tugend gehen, und selbst in bezug auf das, um was es ihnen hier auf Erden geht, dürften sie auf diese Weise mehr bei den Männern erreichen, wie ich nachher noch sage.

Ich bin sicher, daß er gerettet ist, denn er starb gut und weit entfernt von dieser Anhänglichkeit; es scheint tatsächlich so, als habe ihn der Herr auf diese Weise retten wollen» (V 5,3–6).

IV. GOTTESERFAHRUNG UND LEBEN
IN DER WELT

Ein Leben für Gott und ein Leben in dieser Welt sind für viele Menschen unvereinbare Gegensätze. Auch Teresa ist diese Spannung nicht erspart geblieben. Aber sie hat Gott geliebt und nicht die Welt; ihre Gotteserfahrung hat ihr eine tiefe Einsicht in das Wesen und die wahre Situation der Welt vermittelt und ihr zu einer großen inneren Freiheit von der Welt verholfen. Die Gotteserfahrung wird für sie zur Optik, mit der sie die Dinge der Welt einschätzt und durchaus kritisch beurteilt. Die Distanz bedeutet für sie allerdings keinen Rückzug aus der Welt. Sie weiß, daß dies der Ort ist, an dem sie lebt und wirkt, und an dem Gott ihr begegnet.

«... weder erfreute ich mich Gottes, noch fand ich in der Welt meine Befriedigung. Wenn ich mich mit der Welt abgab und dabei daran dachte, was ich Gott schuldete, so geschah das wieder mit Gewissensbissen, wenn ich bei Gott weilte, bedrängte mich die Anhänglichkeit an die Welt» (V 8,2).

«Ich begann die Wahrheit aus meiner Kindheit einzusehen, daß nämlich alles nichts ist, erkannte die Nichtigkeit der Welt, und, wie sie in kurzer Zeit zu Ende geht» (V 3,5).

«Die Anführer dieser Burg oder Stadt, die Prediger und Theologen, haben unter den Menschen zu leben, mit den Menschen zu verhandeln, in den Palästen zu leben und sich im Äußeren ihnen manchmal anzugleichen. Glaubt ihr, Töchter, es ist etwas Geringes, sich mit der Welt abzugeben, in der Welt zu leben, sich mit Angelegenheiten dieser Welt zu befassen und sich im Umgang der Welt anzupassen, innerlich aber der Welt gegenüber fremd und feind zu bleiben, und wie in der Verbannung zu leben und letzten Endes nicht wie Menschen, sondern wie Engel zu sein? Wenn es aber nicht so ist, dann verdienen sie nicht den Namen Anführer, noch erlaube ihnen der Herr, daß sie aus ihren Klosterzellen herausgehen, denn dann richten sie mehr Schaden als Nutzen an» (CV 3,3).

Die Welt steht im Gegensatz zu Gott. Teresa verlangt deswegen nicht den völligen Rückzug aus der Welt, um sie ihrem Schicksal zu überlassen. Aber sie behält ihre kritische Haltung gegenüber der Welt. Diese Erkenntnis der wahren Situation der Welt verdankt sie ihrer Gotteserfahrung, wie auch eine unzerstörbare innere Freiheit und Unabhängigkeit.

«Mir scheint, daß jemand, den Gott zur Einsicht geführt hat, was die andere Welt ist und wieviel sie wert ist und daß es noch eine andere Welt gibt und wenn er den Unterschied zwischen den beiden Welten gesehen hat – die eine ewig, die andere nur ein Traum – und weiterhin verstanden hat, was es heißt, den Schöpfer oder aber das Geschöpf zu lieben, daß einer, der sieht und erfährt, was er mit dem einen gewinnt und mit dem anderen verliert, und sich vor Augen hält, was der Schöpfer und was das Geschöpf ist, und noch viele andere Dinge, die der Herr den lehrt, der sich von ihm darüber im Gebet belehren läßt oder den Seine Majestät unterrichten will, mir scheint, daß solche Menschen auf eine ganz andere Art lieben als wir, die wir noch nicht dahin gelangt sind» (CV 6,3).

«Welche Herrschaft hat eine Seele, die der Herr bis hierher gelangen ließ, von wo aus sie alles überblicken kann, ohne davon gefangen zu sein! Wie schämt sie sich, wenn sie an die Zeit denkt, als sie davon gefangen war! Wie erschrokken ist sie über ihre Blindheit! Wie bedauert sie die, die noch darin befangen sind, besonders wenn es Menschen des Gebets sind, die Gott bereits beschenkt!

Sie ist niedergeschlagen, weil sie zuvor eine Weile auf das schaute, was Ehre bringt und der Täuschung erlag, das für Ehre zu halten, was die Welt Ehre nennt; sie sieht, daß das eine ganz große Unwahrheit ist, und wir alle von ihr befangen sind; sie versteht, daß die wahre Ehre nicht verlogen, sondern eben wahr ist, indem sie das für etwas hält, was wirklich etwas ist, und das, was nichts ist, für nichts erachtet, denn alles, was vergänglich und nicht gottgefällig ist, ist nichts, ja noch weniger als nichts.

Sie lacht über sich selbst, über die Zeit, in der sie Geld und das Streben danach für etwas hielt, auch wenn ich glaube, daß ich in diesem Punkt mich niemals schuldig machte, was bestimmt die Wahrheit ist; es ist jedoch eine große Schuld, all das für etwas zu halten. Wenn man damit das kaufen könnte, was ich jetzt in mir habe, dann hielte ich es für etwas, so aber sieht man, daß man dieses Gut dadurch erwirbt, indem man alles aufgibt. Was also ist das, das wir mit diesem Geld kaufen, nach dem uns alle verlangt? Hat es einen Wert? Ist es etwas Dauerhaftes oder warum wollen wir es? Armseliges Zeug erwirbt man sich, das so teuer ist; oft verschafft man sich damit die Hölle und handelt sich ewiges Feuer und Leiden ohne Ende ein. Wenn alle dafür wären, es für nutzlose Erde zu halten, wie viel besser ginge es in der Welt zu, ohne Geschäftsrummel, dafür in Freundschaft mit allen. Wenn die Jagd nach Ehre und Geld fehlte, ich bin sicher, daß dann alles in Ordnung käme» (V 20,25–27).

«Ich sage es nochmals ganz bestimmt, ich wußte nicht, wie ich leben sollte, denn meine elende Seele sah sich in großem Zwiespalt: einerseits befehlen sie ihr, ihre Gedanken immer mit Gott zu beschäftigen, sagen, daß es nötig ist, diese immer auf Gott zu richten, um sich von vielen Gefahren freizuhalten; andererseits sieht sie, daß sie nur ja keine der Anstandsregeln der Welt übersehen darf, falls sie es nicht riskieren will, Anlaß zu Ärger zu sein bei denen, die darauf aus sind, ihre Ehre in so etwas zu suchen. Ich war es schon ganz müde und kam mit meinen Entschuldigungen schon gar nicht mehr nach, weil ich es einfach nicht fertigbrachte, obwohl ich mich darum bemühte, diesbezügliche Versäumnisse zu vermeiden, die, wie ich schon sagte, nach den Maßstäben der Welt gemessen nicht gerade klein sind.

Stimmt es aber nicht, daß es dafür in den Klöstern eine Entschuldigung gibt, da wir doch in diesen Fällen zu Recht entschuldigt sein müßten? Ich weiß tatsächlich nicht, wie einer, der beständig damit beschäftigt ist, Gott zu gefallen und die Welt geringzuschätzen, wie der sich damit abgeben und darauf schauen soll, wie er in veränderlichen Dingen diejenigen zufriedenstellen kann, die in der Welt leben. Wenn man das alles wenigstens in einem Augenblick lernen könnte, dann ginge das ja noch, aber dem ist nicht so, denn selbst für die Anreden in den Briefen braucht es schon einen eigenen Lehrstuhl, wo dann sozusagen doziert wird, wie man es machen muß, denn einmal läßt man auf der einen Seite, dann auf der anderen einen Rand frei, und wen man vorher nicht einmal mit ‹Magnifizenz› anredete, den muß man jetzt mit ‹Euer Hochwohlgeboren› betiteln. Ich weiß nicht, wohin das noch führen soll, denn ich bin noch keine fünzig Jahre alt und habe in meinem Leben schon so viele Änderungen mitgemacht, daß ich nicht mehr weiß, wie ich noch leben soll. Wie wird es denen ergehen, die jetzt auf die Welt kommen und lange leben? Ich habe jedenfalls ganz bestimmt Mitleid mit den Menschen, die ein geistliches Leben führen und wegen einiger frommer Zwecke in der Welt leben müssen; das Kreuz, das sie dabei tragen, ist schrecklich» (V 37,10–11).

«Was kümmern mich Könige und Herren, wenn ich nicht ihr Geld suche, noch darauf aus bin, ihnen zu Gefallen zu sein, wenn es sein kann, daß ich, um sie zufriedenzustellen, meinen Gott auch nur in einer kleinen Sache beleidigen muß? Was kümmern mich die Ehren, wenn ich begriffen habe, was die Ehre eines Armen ausmacht, nämlich wirklich arm zu sein? Ich glaube nämlich, daß Ehre und Geld fast immer beisammen sind, und einer, der geehrt ist, Geld nicht verschmäht, wer es aber verschmäht, der kümmert sich wenig um die Ehre» (CV 2,5).

«Ich meine auch, daß mir diese Ansprache sehr nützlich war, um unsere wahre Heimat kennenzulernen und zu sehen, daß wir hier Pilger sind; es bedeutet viel, das, was dort ist, zu schauen, und zu wissen, wo wir zu leben haben. Denn wenn einer sich aufmacht, um in einem anderen Land zu leben, so ist es ihm zur Überwindung der Reisebeschwerlichkeiten eine große Hilfe, wenn er schon gesehen hat, daß es ein Land ist, in dem er es gut haben wird. Das ist ein großer Gewinn, denn allein den Himmel anzublicken, sammelt die Seele bereits. Da mir aber der Herr etwas von dem zeigen wollte, was es dort gibt, kommt mir so manchmal der Gedanke, daß es diejenigen, von denen ich weiß, daß sie dort leben, sind, die mich begleiten, und mit denen ich mich tröste, und es kommt mir vor, als wären jene die wahrhaft Lebenden, und als wären die hier Lebenden so tot, daß die ganze Welt mir keine Gesellschaft zu bieten scheint, besonders wenn ich diese Liebesanfälle habe» (V 38,6).

Wenn man die innere Freiheit, die Teresa besaß, über übertriebene Titulaturen und manche Auswüchse der Etikette lachen zu können, dann versteht man, daß sie eine radikale Ablösung und den Verzicht auf die Dinge dieser Welt verlangt; und so kann man die wahre Freiheit des Geistes erlangen:

«Die Schwester, die zu ihrem eigenen Trost mit ihren Angehörigen, die nicht selbst geistliche Interessen haben, verkehren möchte, soll sich für unvollkommen halten. Sie soll ja nicht glauben, daß sie innerlich frei und geistlich gesund sei oder Freiheit des Geistes und Frieden habe, sondern sie braucht einen Arzt. Ich meine sogar, wenn sie nicht davon loskommt und gesund wird, dann taugt sie nicht für dieses Kloster.

Die beste Abhilfe ist meiner Meinung nach, die Verwandten nicht mehr zu sehen, bis sie sich innerlich frei fühlt; das soll sie vom Herrn mit viel Gebet erflehen. Wenn sie dann den Umgang mit ihnen als Last empfindet, wohlan, dann kann sie sich mit ihnen abgeben, denn dann wird es den Verwandten von Nutzen, der Schwester aber nicht zum Schaden gereichen» (CV 8,3–4).

«Glaubt mir, Schwestern, wenn ihr dem Herrn dient, wie es sich gehört, dann findet ihr keine besseren Verwandten als die der Herr euch schickt. Ich weiß, es ist so! Und wenn ihr darauf achtet, so wie jetzt, und wißt, daß ihr euch gegenüber eurem wahren Freund und Bräutigam verfehlt, wenn ihr es nicht so macht, glaubt mir, daß ihr dann in kurzer Zeit diese Freiheit gewinnen werdet, und daß ihr denen, die euch nur seinetwegen lieben, mehr vertrauen könnt als euren Verwandten, und daß es euch an solchen nicht fehlen wird und ihr in Menschen, bei denen ihr gar nicht daran denkt, Väter und Brüder finden werdet» (CV 9,4).

«O armselige Welt! Meine Töchter, lobt den Herrn aus ganzem Herzen, da ihr etwas so Armseliges verlassen habt, wo man nicht darauf schaut, was einer in sich hat, sondern was seine Pächter und Vasallen haben; und wenn er die nicht hat, dann hat er auch keine Ehre. Für euch ist das etwas, worüber ihr euch lustig machen und in der gemeinsamen Rekreation euch freuen könnt, denn das ist ein angenehmer Zeitvertreib, wenn man sieht, wie blind die ihre Zeit vertreiben, die an die Welt versklavt sind» (CV 22,5).

Die tiefere Einsicht in die wahre Situation der Welt und die innere Freiheit von ihr bedeuten jedoch keinen Rückzug aus der Welt; Teresa weiß, daß sie in der Welt leben muß.

«Denn wir leben nun einmal in einer Welt, in der es notwendig ist zu bedenken, was die anderen von uns denken könnten, um unseren Worten im Sinne von Ratschlägen zur Wirkung zu verhelfen» (F 8,7).

«Es würde uns teuer zu stehen kommen, Gott nur dann suchen zu können, wenn wir der Welt gestorben sind, denn weder Maria Magdalena, noch die Samariterin, noch die kananäische Frau waren es, als sie ihn fanden» (Vej 6).

Der Mensch muß sich auf die Welt einlassen, ohne sich an sie zu verlieren, und die wahre Situation der Welt aus den Augen zu verlieren.

Die Welt, mit der Teresa konfrontiert war, war vor allem all das, was mit ihren Gründungen zu tun hatte. Dabei erlebte sie immer wieder, wie ihre Gotteserfahrung sie vor Fehlentscheidungen schützte und zu richtigen Entscheidungen verhalf.

Als sie im Streit um die Zulassung der Gründung ihres ersten
Klosters San José in Avila erfuhr, daß man mit der Stiftung eines
Klosters mit festen Einkünften, also nicht in absoluter Armut,
wie sie wollte, einverstanden sei, war sie fast geneigt zuzustim-
men:

«Ich war es schon ganz müde, die Mühen all derer zu sehen, die mir halfen, mehr als meine eigenen, so daß ich es
nicht für unangebracht hielt, zunächst mit festen Einkünften zu gründen und dann, wenn sich die Gemüter beruhigt
hätten, wieder davon zu lassen. Schlecht und unvollkommen wie ich bin, erschien mir das manchmal sogar der
Wille des Herrn zu sein, denn da wir anders nicht durchka-
men, neigte ich schon zu diesem Ausweg.

Nachdem die Verhandlungen schon begonnen hatten, war
ich in der Nacht vor der Beschlußfassung ganz ins Gebet
vertieft. Da sagte mir der Herr, das doch nicht zu tun, denn
wenn wir mit festen Einkünften begännen, ließen sie es
später nicht mehr zu, wieder davon zu lassen. Ich war ganz
erschrocken und sagte am nächsten Tag dem Edelmann,
was geschehen war, und daß man in keiner Weise be-
schließen solle, feste Einkünfte zu haben, sondern den
Prozeß weiterführen solle» (V 36,20f).

Bei der Gründung in Palencia 1580:

«Nachdem alle entschlossen waren, wie ich schon sagte,
kein anderes Haus zu kaufen, überkam mich am nächsten
Tag während der Messe eine große Unruhe, ob ich denn
richtig handelte. In großer Aufregung, die mich während
der ganzen Messe fast nicht mehr ruhig sein ließe, ging ich
zur Kommunion; als ich dann kommunizierte, vernahm
ich Worte, und zwar in einer solchen Weise, daß sie mich
fest bestimmten, nicht das Haus zu kaufen, das ich dachte,

sondern das ‹Unserer Lieben Frau›: ‹Dieses ist das richtige›! Ich begann zu bedenken, wie unsinnig das doch sei, da die Verhandlungen schon so weit gediehen waren und den Erwartungen meiner Helfer, die sich damit sehr abgegeben hatten, so ganz und gar entsprachen. Da gab mir der Herr zu verstehen: ‹Diese wissen nicht, wie sehr ich an diesem Ort beleidigt werde, und das Kloster wird Abhilfe bringen›. Da ging mir durch den Kopf, ob das nicht eine Täuschung sei, auch wenn ich es nicht glauben konnte, denn bei dem, was in mir vorging, verstand ich nur zu gut, daß es Gottes Geist ist. Da sagte er mir noch: ‹Ich bin es!› Sofort war ich beruhigt, und die Zweifel von vorher waren weg, auch wenn ich nicht wußte, wie das bereits Geschehene wieder rückgängig gemacht werden sollte» (F 29,18f).

Diese Anweisungen des Herrn betreffen oft konkrete Fragen und gehen sehr ins Detail:
«Die inneren Aussprachen haben nicht aufgehört, denn wenn nötig, gibt mir unser Herr einige Anweisungen, und noch hier in Palencia wäre mir zwar nicht eine Sünde, aber doch ein großer Fehler unterlaufen, wenn er nicht dadurch abgewendet worden wäre» (CC 66,4).
«Aber der Herr, der mich niemals verließ, der mich in diesen Mühen, die ich erzählte , oft tröstete und ermutigte – es besteht kein Grund, hier alles aufzuzählen, – der Herr sagte mir damals, ich soll den Mut nicht verlieren» (V 33,3).
«Als ich eines Tages kommunizierte, sagte mir der Herr: ‹Ich habe dir schon gesagt, so einzuziehen, wie das Haus ist›, und in einer Art Ausruf sagte er noch: ‹O Habsucht des Menschengeschlechtes! Selbst an Boden, glaubst du, könnte es dir fehlen! Wie oft schlief ich unter freiem Him-

mel, da ich nichts hatte, wohin ich mich legen konnte›» (V 33,12).

«Der Herr hatte mir gesagt, daß es nicht angebracht sei, das Kloster den Ordensoberen zu unterstellen. Er zählte mir die Gründe auf, aus denen es auf keinen Fall zuträglich sei, das zu tun, sondern auf einem bestimmten Weg nach Rom zu schicken, den er mir auch nannte, da er es machen würde, daß von dort Abhilfe käme» (V 33,16).

«Als ich eines Tages den Herrn im Gebet bat, den Schwestern ein Haus zu geben, da es ja seine Bräute seien, die großes Verlangen hätten, ganz für ihn dazusein, sagte er mir: ‹Ich habe euch schon gehört; überlaß mir es›! Ich war ganz zufrieden und glaubte, es schon zu haben, und so war es auch. Seine Majestät hinderte uns, eines zu kaufen, das allen gefiel, da es auf einem schönen Gelände stand, aber alt und schlecht war, so daß wir nur den Platz gekauft hätten, und zwar nur um etwas weniger als das Haus, das wir jetzt haben. Obwohl bereits alles abgesprochen war, und nur noch der Vertragsabschluß fehlte, war ich nicht einverstanden. Mir war, als entspräche das nicht dem letzten Wort, das ich im Gebet vernommen hatte, denn dieses Wort, so wie ich es verstanden hatte, bedeutete, daß der Herr uns ein gutes Haus geben würde. Es gefiel dem Herrn, daß eben der Verkäufer, obwohl er beim Verkauf viel verdient hätte, wegen des Termins für den Vertragsabschluß Schwierigkeiten machte, so daß wir uns ohne jeden Nachteil aus dem Geschäft zurückziehen konnten. Das war eine große Gnade des Herrn, denn die Schwestern, die dort hätten wohnen sollen, wären im Laufe ihres ganzen Lebens nicht mit dem Herrichten des Hauses fertig geworden und hätten damit viel Arbeit, aber wenig Mittel dazu gehabt» (F 25,4).

Man könnte den Eindruck gewinnen, Teresa habe nur noch von übernatürlichen Eingebungen gelebt und die natürlichen Erkenntnismöglichkeiten vernachlässigt. Teresa bat den Herrn um Hilfe und erhielt sie auch. Nicht immer so, wie sie es sich gewünscht und vorgestellt hatte. Man kann nicht von einem übertriebenen Supranaturalismus in ihrem Verhalten sprechen. Sie legte im Gegenteil großen Wert darauf, den natürlichen Gründen entsprechend zu handeln.

«In den 14 Tagen, die seit der Gründung des Klosters in Toledo bis zum Tag vor Pfingsten vergangen waren, mußte man die Kapelle herrichten, Gitter anbringen und anderes vorsehen, was uns viel Arbeit verursachte, denn, wie ich sagte, verblieben wir fast ein Jahr in diesem Haus. Ich war es damals schon ganz müde, noch weiter mit Handwerkern zu verhandeln. Als nun endlich alles fertig war, waren wir an jenem Morgen gerade beim Essen im Refektorium; da überkam mich ein starkes Glücksgefühl, denn ich merkte, daß die Arbeit abgeschlossen war, und ich mich an diesem Pfingstfest einigermaßen mit unserem Herrn erfreuen konnte. Ich konnte darüber fast nichts essen, so sehr fühlte ich mich innerlich glücklich.

Doch konnte ich diese Freude nicht lange genießen, da sie mir gerade in diesem Augenblick sagten, daß ein Diener der Prinzessin Eboli, der Frau des Ruy Gómez de Silva, gekommen sei. Ich ging zu ihm; die Prinzessin hatte ihn zu mir geschickt, denn seit langem waren wir übereingekommen, in Pastrana ein Kloster zu gründen, doch hatte ich mir das nicht so schnell vorgestellt. Mir paßte das gar nicht, da es nicht gut war, aus dem erst vor kurzem und gegen so viel Widerspruch gegründeten Kloster so schnell wegzugehen; so entschloß ich mich, nicht zu gehen und sagte es ihm. Er sagte mir, daß das nicht gehe, denn die

Prinzessin sei schon in Pastrana, wohin sie sich eigens deswegen begeben habe, so daß ich sie beleidigen würde. Trotz allem aber kam mir gar nicht in den Sinn hinzugehen, und ich sagte dem Diener, daß er einstweilen essen solle, währenddessen ich der Prinzessin schreiben würde, und mit meinem Brief solle er dann abreisen. Er war ein gutmütiger Mensch, denn nachdem ich ihm meine Gründe dargelegt hatte, willigte er doch ein, wenn auch nicht gerade begeistert.

Schließlich waren auch die für das neue Kloster bestimmten Schwestern alle gekommen, doch sah ich keinerlei Möglichkeit, es so bald schon wieder verlassen zu können. Ich begab mich zum Allerheiligsten und bat den Herrn, der Prinzessin so schreiben zu können, ohne sie damit zu verstimmen, denn das wäre für uns nicht gut gewesen, da damals gerade die Patres dort begannen, und überhaupt war es gut, sich an Ruy Gómez zu halten, da er beim König und bei allen großen Einfluß hatte. Auch wenn ich mich nun nicht daran erinnere, ob ich damals gerade auch daran dachte, so weiß ich doch noch gut, daß ich die Fürstin nicht verstimmen wollte. Als ich all das überlegte, wurde mir von unserem Herrn mitgeteilt, ja nicht zu unterlassen, nach Pastrana zu gehen, da ich zu mehr ging als nur zu einer Gründung; ich solle außerdem die Regel und die Konstitutionen mitnehmen. Obwohl ich große Bedenken hatte hinzugehen, wagte ich, sobald mir das klar geworden war, nichts anderes zu tun, als was ich in ähnlichen Fällen zu tun gewohnt bin, nämlich dem Rat des Beichtvaters zu folgen. Ich ließ ihn also rufen, ohne ihm zu sagen, was mir im Gebet mitgeteilt worden war – das nämlich macht mich immer zufriedener. Ich bitte dann den Herrn, die Beichtväter in dem zu erleuchten, was sie auf natürlichem Weg erkennen können, und wenn Seine Majestät will, daß etwas geschieht, dann gibt er es ihnen schon auch ein. Diese Erfahrung habe ich oftmals gemacht, und so war es auch jetzt: Er überlegte alles und meinte dann, daß ich aufbrechen solle; so entschloß ich mich zu gehen» (F 17,1–3).

Diese hier von Teresa beschriebene Weise des Vorgehens bestätigt sich auch bei der Gründung des Klosters in Segovia und bei der Unterstellung von San José unter die Jurisdiktion der Ordensoberen.

«Ich habe schon gesagt, wie mich der damalige Apostolische Kommissar, der P. Magister Pedro Fernández beauftragt hat, für drei Jahre ins Kloster der Menschwerdung nach Avila zu gehen, nachdem ich in Salamanca und in Alba Klöster gegründet hatte, aber noch bevor die Kommunität in Salamanca über ein eigenes Haus verfügte, und wie er mir dann weiterhin befohlen hat, nach Salamanca zu gehen, bis sie dort ein eigenes Haus hätten, nachdem ihm die mißliche Situation dort bekannt geworden war. Als ich dort nun gerade ins Gebet vertieft war, wurde mir von unserem Herrn gesagt, daß ich zur Gründung nach Segovia gehen solle. Mir schien das etwas Unmögliches zu sein, denn ich konnte ja gar nicht weggehen, außer sie würden es mir auftragen; dazu war mir noch klar, daß der Magister Pedro Fernández es gar nicht wolle, daß ich noch mehr gründete, wozu er ja auch allen Grund hatte, da die drei Jahre, die ich in der Encarnación verbringen sollte, noch gar nicht vorbei waren. Als ich mit diesen Gedanken umging, sagte mir der Herr, ich solle es dem Pater ruhig sagen, denn er selbst würde es dann schon machen. Er war damals gerade in Salamanca, und so schrieb ich ihm, daß er ja wisse, daß ich von unserem Hochwürdigen General den Auftrag hätte, auf keinen Fall eine Gründung auszulassen, sobald sich nur irgendwo eine Gelegenheit dazu anböte; daß in Segovia von seiten der Stadt und des Bischofs ein Kloster zugelassen sei, so daß er nur noch den Befehl zur Gründung geben müsse, und daß ich ihm das mitteilte, um dem Drängen meines Gewissens zu folgen, daß ich mich aber mit allem, was er mir auftrage, ruhig und zufrieden geben würde. Ich glaube, so ungefähr habe ich ihm geschrieben und dazu vermerkt, daß damit meiner Meinung nach Gott gedient würde. Es scheint tatsächlich so, daß Seine Majestät das so gewollt hat, denn der Pater sagte mir, daß ich gründen solle, und gab mir dazu auch die Erlaubnis. Nach dem, was ich über ihn in so einem Fall wußte, wunderte mich das sehr» (F 21,1f.).

«Als ich in dieser Zeit im Kloster in Toledo weilte, sagte mir unser Herr, daß es angebracht sei, die Schwestern von San José in Avila der Jurisdiktion des Ordens zu unterstellen, und daß ich das betreiben solle, denn wenn nicht, erschlaffe in diesem Haus bald der Ordensgeist. Da ich jedoch gehört hatte, daß es gut war, es dem Ortsordinarius zu unterstellen, schien mir das ein Widerspruch zu sein. Ich wußte nicht, was tun. Da sagte ich es meinem Beichtvater, der damals der jetzige Bischof von Osma war, ein wissenschaftlich gebildeter Mann. Er sagte mir, daß kein Widerspruch da sei, denn damals hatte das so sein müssen, nun aber ist der Fall anders; und es stellte sich heraus, daß er in vielerlei Hinsicht recht hatte; so sagte auch er, daß jenes Kloster besser mit den anderen zusammen wäre und nicht allein» (F epílogo 3).

«Normalerweise ist es so gewesen, daß mir unser Herr jedes Mal, wenn es bei einer Gründung Mühen gibt, mit Wort und Tat hilft, da er weiß, wie armselig ich bin. Ich habe manchmal festgestellt, wie Seine Majestät bei Gründungen, bei denen es keine Mühen gab, mich auf überhaupt nichts hingewiesen hat» (F 31,4).

«Immer schaute ich darauf, daß die Klöster, die ich mit festen Einkünften gründete, so reichlich davon hätten, daß die Schwestern nicht ihre Verwandten oder sonst jemand bräuchten, sondern daß sie das Notwendigste an Essen und Kleidung im Kloster bekämen und die Kranken sehr gut versorgen könnten; denn wenn es ihnen am Nötigen fehlt, dann gibt es viele Unzulänglichkeiten. Niemals allerdings fehlte es mir an Mut und Vertrauen, noch so viele Klöster in Armut und ohne feste Einkünfte zu gründen, da ich sicher war, daß Gott es ihnen an nichts mangeln lassen wird; doch wenn ich mit festen Einkünften, die gering waren, gründen sollte, so paßte mir das gar nicht; besser scheint es mir, dann überhaupt nicht zu gründen» (F 20,13).

«Gott die Sorge für das zu überlassen, was ich notwendig habe, ist nicht so zu verstehen, daß ich mich nicht darum kümmern sollte, sondern nur, daß ich mich nicht derartig darum kümmern soll, daß es mich beunruhigt» (CC 1,21).

«Als ich einmal darüber nachdachte, mit welch größerer Reinheit man doch abseits aller Geschäfte lebt, und wie ich doch eigentlich gefährlich und mit vielen Mängeln lebe, sobald ich mich mit so etwas abgebe, da vernahm ich: ‹Es kann gar nicht anders sein, Tochter; versuche in allem immer eine rechte Absicht zu haben und nicht an den Dingen zu hängen und schau auf mich, damit das, was du tust, mit dem übereinstimmt, was ich tat›» (CC 8).

Zwei Dinge sind wichtig, nach denen sich ein Mensch bei Unsi-
cherheiten und Zweifeln fragen sollte: Die rechte Absicht und die
Loslösung, das Nicht-Versklavtsein, die innere Freiheit. Unter
diesen Bedingungen hindern die irdischen Dinge keineswegs, mit
Gott zu leben.
Diese Freiheit des Geistes ermöglicht es dann auch, Gott in allen
Dingen zu finden. Die Welt wird zum Ort der Gotteserfahrung.
Das bedeutet, die irdische Wirklichkeit anzunehmen, nicht als
notwendiges Übel, sondern als gottgewollte Stationen auf dem
Weg des Menschen zu Gott.

«All das, was uns derart gefangennimmt, daß wir dabei
spüren, wie unser Verstand nicht mehr frei bleibt, sollen
wir für verdächtig halten, denn niemals gewinnt man auf
diese Weise die Freiheit des Geistes. Eine der Eigenschaften des Geistes ist es nämlich, Gott in allen Dingen zu finden und an sie denken zu können. Alles übrige ist nichts
anderes als eine Versklavung des Geistes, welche außer
dem Schaden, den sie dem Leib zufügt, auch die Seele am
Wachstum hindert» (F 6,15).

«Einmal wurde mir klar, wie der Herr in allen Dingen
wohnt und wie in meiner Seele; dabei kam mir der Vergleich mit einem Schwamm, der das Wasser in sich auf-
saugt» (CC 49).

«Es ist nicht meine Absicht noch meine Idee, daß das, was
ich hier sage, so treffend ist, als daß man es als unumstößli-
che Regel betrachten könnte, denn das zu glauben wäre bei
einem so schwierigen Thema wirklich dumm. Da es aber
viele Wege gibt, auf denen der Geist sich vorwärtsbewe-
gen kann, kann es schon sein, daß ich in dem einen oder
anderen Punkt etwas Passendes sagen kann. Wenn es die
nicht verstehen sollten, die nicht auf diesem Weg gehen,
dann mag es daran liegen, daß sie einem anderen Weg fol-

gen, und wenn es niemandem etwas nützen sollte, dann lasse der Herr meinen guten Willen gelten, denn er versteht ja, daß ich selbst zwar nicht alles erlebt, so aber doch in anderen gesehen habe.

Das erste, worüber ich meinem armseligen Verstand entsprechend handeln möchte, ist zu sagen, worin das Wesen des vollkommenen Gebetes liegt. Ich habe nämlich so manche getroffen, die meinen, daß alles am Nachdenken liegt, und daß sie, wenn sie ihre Gedanken ganz auf Gott richten können, selbst wenn sie sich dabei Gewalt antun, daß sie dann geistliche Menschen wären, und daß sie, wenn sie sich ablenken, weil sie nicht mehr anders können, und sei es durch etwas Gutes, ganz untröstlich sind und meinen, verloren zu sein. Einer solchen Meinung und Unwissenheit werden die studierten Theologen nicht aufsitzen, obwohl ich auch den einen oder anderen von ihnen getroffen habe, aber für uns Frauen ist es gut, daß wir vor diesen Dummheiten auf der Hut sind. Ich möchte nicht sagen, daß es keine Gnade des Herrn sei, immer über seine Großtaten nachdenken zu können, und es ist gut, sich darum zu bemühen, aber man muß bedenken, daß nicht alle von ihrer Phantasie her für so etwas veranlagt sind, aber daß alle Seelen fähig sind zu lieben. Andernorts habe ich schon die Gründe für diese Zerstreuung unserer Vorstellungskraft genannt, wenn auch nicht alle, was meiner Meinung nach unmöglich wäre, aber doch einige. Deshalb spreche ich jetzt nicht mehr darüber, sondern möchte zu verstehen geben, daß die Seele nicht lauter Nachdenken ist, und auch der Wille nicht davon kommandiert wird, was wirklich schlimm wäre, woraus hervorgeht, daß der Nutzen für eine Seele nicht im vielen Nachdenken, sondern im vielen Lieben besteht.

Wie aber erwirbt man diese Liebe? Indem man sich entschließt, etwas zu tun und zu leiden, und zwar dann, wenn es sich anbietet. Es stimmt schon, daß das Nachdenken darüber, was wir dem Herrn verdanken und wer er ist und wer wir sind, mit dazu beiträgt, daß sich eine Seele entschließt, und daß das ein großes Verdienst und für den Anfang sehr zuträglich ist, doch das gilt nur, wenn nicht der Gehorsam und der Nutzen des Mitmenschen mit im Spiel sind. Beide Verpflichtungen verlangen ihr Recht auf Kosten der Zeit, die wir so gern Gott schenken würden, und die unserer Meinung nach darin besteht, daß wir allein sind und an ihn denken und uns über die Geschenke freuen, die er uns gibt. Diese Zeit wegen einer von diesen beiden Verpflichtungen dranzugeben, ist soviel wie ihn zu erfreuen und es für ihn zu tun, was er ja selbst sagt: ‹Was ihr einem von diesen Kleinen getan habt, das habt ihr mir getan!› Und in bezug auf den Gehorsam will er sicher nichts anders als daß eine Seele, die ihn so sehr liebt, keinen anderen Weg als den seinen gehe, er ‹der gehorsam war bis zum Tod›.
Wenn das alles stimmt, woher kommt denn dann das ungute Gefühl, das die meisten Menschen haben, wenn sie nicht den größten Teil des Tages ganz zurückgezogen und in Gott versunken gelebt haben, obwohl sie einer der beiden Verpflichtungen nachgekommen sind? Meiner Meinung nach entsteht dieses ungute Gefühl aus zwei Gründen: Der erste und wichtigere ist die Eigenliebe, die sich hier sehr fein einschleicht und deswegen nicht auffällt, das heißt, daß es uns mehr darum zu tun ist, uns zufriedenzustellen als Gott, denn es ist klar, daß eine Seele, sobald sie erst einmal begonnen hat zu verkosten, wie süß der Herr ist, mehr Geschmack daran findet, nicht zu arbeiten und auszuruhen und sich zu verwöhnen.

O Liebe derer, die diesen Herrn wirklich lieben und ihre eigene Natur gut kennen! Wie wenig Ruhe können sie sich gönnen, wenn sie sehen, daß sie auch nur ein bißchen mitarbeiten können, um auch nur eine Seele vorwärtszubringen und Gott mehr zu lieben oder ihr ein bißchen Trost zu verschaffen oder sie einer Gefahr zu entreißen! Wie schlecht wird sie ausruhen, wenn sie um dieses persönliche Ausruhen bestrebt ist! Und wenn sie nicht mit Werken helfen kann, dann bestürme sie den Herrn mit ihrem Gebet für die vielen Seelen, deren Verderben ihr leid tut. Sie selbst verliert ihre Ruhe, und sie tut gut daran, wenn sie sie verliert, denn sie denkt schon gar nicht mehr an ihre eigene Wonne, sondern nur noch daran, wie sie den Willen des Herrn besser erfüllen könnte; das gleiche gilt auch für den Gehorsam. Es wäre eine schwere Verfehlung, wenn Gott uns klar sagte, etwas zu tun, das ihm sehr am Herzen liegt, wir aber nichts anderes tun wollten, als ihn nur anzuschauen, weil uns das mehr gefällt. Eine saubere Art in der Liebe zu Gott vorwärtszukommen ist das, wenn wir ihm die Hände binden, da wir meinen, er könne uns nur auf einem einzigen Weg voranbringen!

Wenn ich, wie ich sagte, einmal von dem absehe, was ich selbst erfahren habe, kenne ich einige Menschen, die mir diese Wahrheit zu verstehen gaben; ich dachte daran, wie ich selbst ganz traurig war, weil ich so wenig Zeit hatte, und da hatte ich Mitleid mit ihnen, da sie immer sehr beschäftigt waren und viel zu tun hatten, weil es ihnen der Gehorsam auferlegte. Ich dachte bei mir, und sagte das auch, daß bei diesem Durcheinander ein Wachstum des geistlichen Lebens wohl kaum möglich sei, und sie waren auch tatsächlich noch nicht weit fortgeschritten. Mein Herr, wie ganz anders sind doch deine Wege als unsere

stümperhaften Vorstellungen, und wie willst du von einer
Seele, die schon entschlossen ist, dich zu lieben, und sich
dir ausgeliefert hat, nichts anderes als daß sie gehorcht und
darauf schaut, was dir mehr zu Diensten ist, und das auch
ersehnt! Sie braucht sich keine Wege zu suchen noch aus-
zuwählen, denn ihr Wille ist bereits der deine. Du, mein
Herr, übernimmst es, sie dorthin zu führen, wo sie besser
vorankommt. Und wenn auch der Obere nicht auf das
Vorwärtskommen der Seele bedacht ist, sondern sie Arbeiten verrichten läßt, die seiner Meinung nach zum Nutzen der Kommunität sind, dann führst du sie, mein Gott,
und lenkst die Seele und alles so, daß wir, ohne zu verstehen wie, im geistlichen Leben voranschreiten und gefördert werden, so daß wir uns nachher nur wundern können.
So erging es jemand, mit dem ich vor einigen Tagen
sprach, der an die 15 Jahre aus Gehorsam so sehr mit Ver-
waltungs- und Leitungsaufgaben betraut war, daß er sich
nicht erinnerte, in all diesen Jahren auch nur einen Tag für
sich gehabt zu haben, obwohl er natürlich, so gut er
konnte, darauf achtete, einige Augenblicke am Tag dem
Gebet zu widmen und ein reines Gewissen zu haben. Von
den Menschen, die ich gesehen habe, ist er einer, die am
meisten um Gehorsam bemüht waren, und davon gibt er
allen etwas mit, mit denen er zu tun hat. Es hat ihm der
Herr so gut vergolten, daß er ohne zu wissen wie, jene so
kostbare und ersehnte Freiheit des Geistes fand, die die
Vollkommenen besitzen, in der das ganze Glück besteht,
das man sich in diesem Leben nur denken kann, denn da
sie nichts wollen, besitzen sie alles. Sie fürchten nichts, ersehnen aber auch nichts von dem, was es hier auf Erden
gibt, Leiden beunruhigen sie nicht, und Freuden bringen
sie auch nicht aus der Fassung. Letztlich kann ihnen nie-

mand den Frieden nehmen, denn der hängt allein von Gott ab, den ihnen niemand entreißen kann. Nur die Angst, Gott zu verlieren, kann noch Anlaß zu Leid sein, alles andere, was es sonst auf dieser Welt gibt, ist ihrer Meinung nach so, als existiere es nicht, denn nichts vermag ihr Glück zu begründen noch es wegzunehmen. Glückseliger Gehorsam und glückselige Zerstreuung, die von diesem auferlegt wird, wieviel brachte er doch fertig!

Aber nicht nur diesen einen Menschen, sondern noch andere habe ich kennengelernt, denen es genauso ging. Als ich sie nach ein paar oder auch vielen Jahren wieder traf und fragte, wie es ihnen ergangen sei, erfuhr ich, daß sie die ganze Zeit über aus Gehorsam oder in Liebe gearbeitet hatten; zugleich aber stellte ich fest, daß sie im geistlichen Leben Fortschritte gemacht hatten, so daß sie mich in Erstaunen versetzten. Also, meine Töchter, es gibt keinen Grund zum Traurigsein; wenn auch der Gehorsam intensive äußere Tätigkeit abverlangt, dann wißt, daß, falls es sich um die Küche handelt, der Herr auch zwischen den Kochtöpfen zugegen ist und uns bei unseren inneren und äußeren Tätigkeiten hilft.

Ich erinnere mich, wie mir ein Ordensmann erzählte, daß er sich entschlossen und es sich zum Vorsatz gemacht hatte, bei nichts, was ihm sein Oberer aufgetragen hatte, nein zu sagen, was immer ihm das auch koste. Eines Tages fühlte er sich vor lauter Arbeit wie gerädert; es war schon Abend, und er konnte sich kaum mehr auf den Füßen halten. Da setzte er sich ein wenig hin um auszuruhen. So traf ihn sein Oberer an und sagte zu ihm, er solle die Hacke nehmen und im Garten hacken. Er sagte nichts, obwohl er körperlich so erledigt war, daß er nicht mehr aufrecht gehen konnte, und nahm seine Hacke. Als er gerade auf ei-

nem Seitenweg in den Garten gehen wollte – ich sah viele
Jahre später diese Stelle, als ich in diesem Dorf ein Kloster
gründete, – erschien ihm unser Herr mit dem Kreuz auf
der Schulter, so erschöpft und matt, daß dieser Ordensmann gut sehen konnte, daß sein Kreuz im Vergleich dazu
nichts war ...

Schaut, Schwestern, ob der Verzicht auf die Freude an der
Zurückgezogenheit nicht gut vergolten wird! Ich sage
euch, daß ihr wegen mangelnder Zurückgezogenheit es
nicht versäumen werdet, die wahre Vereinigung, von der
ich gesprochen habe, zu erreichen, die in der Übereinstim-
mung unseres Willens mit dem Willen Gottes besteht. Das
ist die Vereinigung, die ich mir wünsche und die ich in
euch allen gern gesehen hätte, und nicht wie so manche
wonnigliche Verzückungen, die man Vereinigungen
nennt, die es aber nur sein werden, wenn ihnen die genannten vorausgehen. Aber wenn nach solchen Entrük-
kungen der Gehorsam noch gering, der Eigenwille aber
groß ist, dann besteht die Vereinigung nicht mit dem Willen Gottes, sondern mit der Eigenliebe.

Der zweite Grund, der dieses ungute Gefühl zu verursa-
chen scheint, ist, daß die Seele meint, ihren Weg in der
Zurückgezogenheit ungefährdeter gehen zu können,
da es weniger Gelegenheiten gibt, um den Herrn zu beleidigen.

Hier inmitten der Gelegenheiten gilt es, meine Töchter, zu
beweisen, wie groß die Liebe ist, nicht in Schlupfwinkeln.
Glaubt mir, daß unser Verdienst hier unvergleichlich größer ist, selbst wenn es Unvollkommenheiten und sogar
kleine Verfehlungen gibt. Vorausgesetzt bei allem ist immer, daß man aus Gehorsam oder aus Nächstenliebe sich
in die Gelegenheiten begibt, und das mögt ihr beachten,

wenn ich das sage, denn wenn es nicht deswegen geschieht, dann halte ich die Zurückgezogenheit immer für
besser. Was aber den Gewinn anbelangt, von dem ich
spreche, so besteht er darin, daß wir erkennen, wer wir
sind und wie weit unsere Tugend reicht, denn jemand, der
immer zurückgezogen lebt, weiß nicht, selbst wenn er seiner Meinung nach noch so heilig ist, ob er überhaupt Geduld und Demut besitzt. Wie sollte er auch!» (F 5,1–9.
13–15).

ANHANG

Schlüssel der zitierten Werke

Die Schriften Teresas wurden nach der Ausgabe von Efrén de la Madre de Dios – O. Steggink (Hrsg.), Santa Teresa de Jesús, Obras completas (Madrid ²1967) zitiert. Für die einzelnen Schriften Teresas wurden die dort auf S. 24 angegebenen Siglen verwendet:

CC Cuentas de Conciencia (Gewissensberichte)
CE Camino de perfección de El Escorial (Weg der Vollkommenheit nach dem Ms des El Escorial)
Cta Carta (Brief)
CV Camino de perfección de Valladolid (Weg der Vollkommenheit nach dem Ms von Valladolid)
E Exclamaciones (Ausrufe)
F Fundaciones (Gründungen)
M Moradas del castillo interior (Wohnungen der inneren Burg, auch Seelenburg genannt)
MC Meditaciones sobre los Cantares de Alba de Tormes (Betrachtungen zum Hohenlied nach dem Ms von Alba de Tormes)
V Vida (Leben)
Vej Vejamen (geistlicher Wettstreit)

Quellennachweis

a) spanische Ausgaben

Tomás de la Cruz (Hrsg.), Santa Teresa de Jesús, Obras (Burgos 1971)
Silverio de Santa Teresa (Hrsg.), Obras de Santa Teresa, 9 Bände (Burgos 1915–1924)

b) deutsche Übersetzungen

A. Alkofer (Hrsg.), Sämtliche Schriften der hl. Theresia von Jesus, 6 Bände (München 1931–1941)

F. Vogelgsang (Hrsg.), Teresa von Avila, Die innere Burg (Stuttgart 1966)

I. Behn (Hrsg.), Wege zum Gebet. Eine Textauswahl (Zürich–Einsiedeln–Köln 1976)

M. Ligendza (Hrsg.), Teresa von Avila, Nichts soll dich ängstigen. Gedanken für jeden Tag (Kevelaer 1972)

Literaturhinweise

(Nur deutschsprachige Literatur; weitere Angaben siehe bei U. Dobhan, Gott – Mensch – Welt in der Sicht Teresas von Avila, S. 401–415)

M. Auclair, Das Leben der hl. Teresa von Avila (Zürich 1953)

I. Behn, Spanische Mystik. Darstellung und Deutung (Düsseldorf 1957)

U. Dobhan, Gott – Mensch – Welt in der Sicht Teresas von Avila (Frankfurt/M.–Bern–Las Vegas 1978)

B. Günther, Weg und Gotteserfahrung der Kirchenlehrerin Theresia von Avila (Aschaffenburg 1971)

B. Günther, Erneuerung in Christus. Nach der Kirchenlehrerin Theresia von Avila (Gröbenzell 1972)

W. Herbstrith (Teresia a Matre Dei OCD), Teresa von Avila. Die erste Kirchenlehrerin (Bergen-Enkheim 1971) [Die 3. Auflage erschien mit dem Untertitel «Meditation–Mystik–Menschlichkeit»]

W. Herbstrith, Leben – das sich lohnt. Teresa von Avila. Therese von Lisieux. Edith Stein (Frankfurt/M.)

W. Herbstrith, Verweilen vor Gott. Mit Teresa von Avila, Johannes vom Kreuz, Theresia von Lisieux, Edith Stein (Freiburg/Breisgau 1977)

I. Moriones. Das teresianische Charisma. Eine Studie über die Ursprünge (Roma 1973)

G. Papásogli, Teresa von Avila (Paderborn 1961)

E. A. Schering, Mystik und Tat. Therese von Jesu, Johannes vom Kreuz und die Selbstbehauptung der Mystik (München 1959)

E. A. Schering, Visio und Actio. Mystik, Gottesschau und Tatkraft der Teresa de Jesús, in: Ephemerides Carmeliticae 21 (1970) 169–197

E. A. Schering, Wiederentdeckung der Charismata. Teresa de Avila als erste Frau zur Kirchenlehrerin proklamiert, in: Geist und Leben 44 (1971) 342–353

E. A. Schering, «Dios solo basta». Charisma, Aktivität und Weisheit der Teresa von Avila, in: Erbe und Auftrag 49 (1973) 267–277

R. J. Sender, Die Heilige und die Sünder. Roman in drei Bildern (Stuttgart 1971)

O. Steggink, Erfahrung und Realismus bei Teresa von Avila und Johannes vom Kreuz (Düsseldorf 1976)

J. Theeuwes, Abenteuerin Gottes. Teresa von Avila (Trier 1965)

Lebenstafel

1515 28. März: Theresa de Ahumada wird als Tochter des Alonso Sánchez de Cepeda und der Beatriz de Ahumada geboren.

1531 Frühjahr: Teresa kommt zu den Augustinerinnen von Sta María de Gracia in Avila.

1536 2. November: Einkleidung Teresas im Kloster der Menschwerdung (Encarnación) in Avila

1537 3. November: Profeß Teresas

1538 Herbst: Krank verläßt Teresa ihr Kloster und macht sich mit ihrem Vater auf, um in Becedas Heilung zu finden; dort Begegnung mit dem Ortspfarrer. Unterwegs kommt ihr bei ihrem Onkel Pedro das «Tercer Abecedario» des Francisco de Osuna in die Hände.

1542 April: Auf die Fürsprache des hl. Josef fühlt sich Teresa geheilt; Lauheit im Gebetsleben

1554 Fastenzeit: Bekehrung Teresas

1560 Oktober: «Gründungssitzung» in Teresas Zelle in der Encarnación

1560/1562 Beginn der mystischen Verlobung Teresas

1562 24. August: Einweihung des Klosters San José in Avila; Teresa muß in die Encarnación zurück.

1567 April: Zusammentreffen des Ordensgenerals Rossi mit Teresa in San José in Avila

Anfang Oktober: Zusammentreffen Teresas mit Johannes vom Kreuz in Medina del Campo; Absprache über die Gründung eines Männerklosters

1568 28. November: Gründung des ersten Männerklosters durch Johannes vom Kreuz und Antonio de Jesús

1571 14. Oktober: Teresa ergreift Besitz von ihrem Amt als Priorin der Encarnación, wozu sie der Apostolische Visitator Pedro Fernández OP verpflichtet hat.

1572 16. November: Beginn der mystischen Vermählung Teresas

1580 22. Juni: Durch das Breve «Pia consideratione» werden die Unbeschuhten zu einer selbständigen Provinz.

1581 4. März: Jerónimo Gracián, Teresas Kandidat, wird auf dem Provinzkapitel in Alcalá zum Provinzial der Unbeschuhten Karmeliten gewählt.

1582 5. April: Die ersten Missionare der Unbeschuhten Karmeliten stechen von Lissabon aus in See in Richtung Kongo.
4. Oktober: Um 9 Uhr abends stirbt Teresa als «Tochter der Kirche».

1588 Erste Ausgabe der Schriften Teresas durch Luis de León

1970 27. September: Teresa wird als erster Frau in der Geschichte durch Paul VI. der Titel einer Kirchenlehrerin zuerkannt.

Anmerkungen

Vorwort/Einführung

[1] Zu diesen Angaben vgl. die anläßlich der Ernennung Teresas zur Kirchenlehrerin von der «Sacra pro causis Sanctorum Congregatio» zusammengestellte «Positio».

[2] E. Kellner (Hg.), Gespräche der Paulusgesellschaft. Christentum und Marxismus – heute (Wien 1966) 81 f.

[3] A. Mager, Zur Wesensbestimmung der Mystik, in: Benediktinische Monatsschrift 1 (1919) 129–143 (136).

[4] J. Sudbrack, Erfahrung einer Freundschaft – Teresa von Avila. Eine Studie über Begegnung mit Gott. Das Buch soll bis Ende 1978 bei Her-

der, Freiburg, erscheinen, möglicherweise unter einem etwas abgeänderten Titel.

⁵ Siehe z. B. C. Lapauw, Mystik für alle. Christliche Mystik und moderne Meditation (München 1978) oder die Beiträge dieses Autors zu diesem Thema in den letzten Jahrgängen der Zeitschrift «Christliche Innerlichkeit».

⁶ F.-D. Maaß, Mystik im Gespräch. Materialien zur Mystikdiskussion in der katholischen und evangelischen Theologie Deutschlands nach dem Ersten Weltkrieg (Würzburg 1972) 205.

⁷ Damit ist gemeint, daß man Teresa nicht gerecht wird, wenn man auf die Tatsache ihrer Abstammung aus einer jüdischen Familie hinweist und dann ihr gesamtes Verhalten, ja sogar ihren Stil als eine Reaktion auf diese Tatsache interpretiert, daß sie also deswegen so und nicht anders gehandelt habe, um mit diesem «Geburtsfehler», den eine Abstammung aus einer jüdischen Familie damals bedeutete, fertig zu werden. Es stimmt jedoch, daß manche Äußerungen Teresas über «Abstammung», «reines Blut», «Ehre» u. ä. erst in diesem Licht besser verständlich werden, jedoch reagierte Teresa nicht nur, nahm also nicht nur zu bestimmten Problemen Stellung, so daß diese Probleme ihr Tun und Lassen bestimmt hätten, sondern sie handelte hauptsächlich aus der Überzeugung, die «Sache Gottes» voranzutreiben.

⁸ Sogenannte kleinere Schriften sind: Meditaciones sobre los cantares (Betrachtungen zum Hohen Lied), 1566 in einer ersten, Ende 1574 in einer zweiten Fassung entstanden; «Vejamen», eine Art geistlicher Wettbewerb unter ihren Freunden aus dem Jahre 1577; «Exclamaciones» (Rufe der Seele zu Gott), die sie bei verschiedenen Anlässen niederschrieb, ebenso wie die 66 «Relaciones» oder «Cuentas de conciencia» (Gewissensberichte) aus der Zeit von 1560 bis 1581; die Konstitutionen für ihre Schwestern (1567/1568); «Visita de Descalzas» (Anweisungen für die Visitation ihrer Schwesternklöster), 1576 in Toledo geschrieben; verschiedene «Avisos» (Anweisungen) und Poesien, die zu unbestimmter Zeit entstanden sind, sowie noch die fast 450 erhaltenen Briefe aus der Zeit von 1546 bis zum 15. September 1582, drei Wochen vor Teresas Tod.

⁹ Aufgrund der öfter erwähnten Spontaneität und Unkompliziertheit des Stils Teresas ist eine Verdeutschung sehr schwer. Viele Texte erschließen sich erst, wenn man sie laut liest, da sie ja eigentlich eine geschriebene Unterhaltung sind.

[1] Mit «Seele» ist bei Teresa der «innere Mensch» gemeint. Die beiden Ausdrücke «Seele und Leib» dürfen nicht dualistisch verstanden werden. Oft empfiehlt es sich, an Stelle von «meine Seele» einfach «ich» zu lesen und an Stelle von «die Seele» «der Mensch», insofern er ein religiös-theologisches Wesen ist. Denn wie wir bei Teresa sehen, ist der Mensch nur insofern ganz und voll Mensch, als er von Gott erfüllt ist.

[2] Mit innerem Gebet ist das betrachtende stille Gebet gemeint, im Gegensatz zum mündlichen Gebet wie Chorgebet und Rosenkranz, das Teresa nie aufgegeben hat.

[3] Teresa weilte zur Erziehung vom Frühjahr 1531 bis Herbst 1532 im Augustinerinnenkloster Sta María de Gracia in Avila.

[4] Siehe «Confessiones» des hl. Augustinus: «Meine ganze Hoffnung beruht allein auf deinem übergroßen Erbarmen. Gib, was du befiehlst, und befiehl, was du willst» (Buch 10, Kap. 29).

[5] Siehe z. B. die Höllenbetrachtung in den ignatianischen Exerzitien, wo in knapper Form und verteilt auf die fünf Sinne dieselben Eindrücke wiedergegeben werden, die Teresa ausführlich beschreibt (5. Übung der ersten Woche.)

[6] Teresa meint sich selbst. Sie spricht von sich öfter in der 3. Person, um unerkannt zu bleiben, da es um sehr persönliche Probleme und Erlebnisse geht.

[7] Anspielung auf den damaligen Brauch, einem Sterbenden beim Empfang der Krankensalbung eine brennende Kerze in die Hand zu geben.

[8] Teresa spricht P. García de Toledo OP an, der ihr aufgetragen hatte, die «Vida» zu schreiben; dieser Pater ist auch in den folgenden Fällen einer direkten Anrede gemeint.

[9] Anspielung auf die beiden Schwestern Marta und Maria bei Lk 10,38–42, die in der Tradition als Verkörperungen von actio und contemplatio gesehen werden.

[10] Teresa kam am 26. Mai 1575 von Beas, wo sie mit P. Gracián zusammengetroffen war, auf dessen Befehl nach Sevilla, wohin sie gar nicht gerne gegangen war, um dort ein Kloster zu gründen, was am 29. Mai bereits gelungen war; doch blieb sie wegen verschiedener Schwierig-

keiten, unter anderem auch wegen einer Anzeige bei der Inquisition, bis zum 4. Juni des folgenden Jahres dort.

[11] Am 29. Dezember 1580 gründete die Heilige das Kloster in Palencia.

II. Der Mensch erfährt Gott

[1] Eine gewisse Hilfe zum Verständnis der Visionen, die Teresa erlebt hat, mag folgende Einteilung sein: Visio corporalis – sie ist Erkenntnis der Kreatur, die man mit den fünf Sinnen begreifen kann. Eine solche Vision erlebte Teresa nicht (siehe auch folgende Anmerkung). Visio spiritualis oder imaginaria – bildhafte, imaginative Vision, die dann geschieht, wenn auch der Gegenstand abwesend ist, etwa nach Art einer Vorstellung. Visio intellectualis – Verstandesschau, intellektuelle Vision, eine lautere geistliche Erkenntnis. Teresa erlebte diese beiden letzteren Arten von Visionen. Das hier Gesagte gilt es auch bei folgenden Texten zu beachten, in denen von Visionen die Rede ist. Bei manchen hier berichteten Gotteserfahrungen Teresas wird aber wohl auch diese Erklärung nicht mehr weiterhelfen, da sie an die Grenze des menschlichen Faß- und Erfahrbaren gelangte.

[2] «Sensual», «sensualidad» meint nicht das, was das entsprechende deutsche Wort «sinnlich», «Sinnlichkeit» beinhaltet, sondern alles, was von den Sinnen erfaßt werden kann.

[3] Gemeint ist wieder García de Toledo OP.

[4] Anspielung auf die drei klassischen Etappen des Weges des Menschen zu Gott: via purgativa – Phase, in der die Seele sich von aller Sünde reinigt; via illuminativa – Übung der christlichen Tugenden, erleuchtet vom Vorbild Christi; via unitiva – Vereinigung der Seele mit Gott in der Liebe.

[5] Jo 16,7: Es ist gut für euch, daß ich weggehe. Denn wenn ich nicht weggehe, wird der Helfer nicht zu euch kommen. Wenn ich aber weggehe, werde ich ihn euch senden.

[6] Anspielung auf Marta und Maria, von denen die erstere den Herrn bediente, die letztere zu seinen Füßen saß und lauschte, worauf der Herr zu Marta sagte: «Marta, Marta, du sorgst und beunruhigst dich um viele Dinge. Doch weniges ist notwendig, nur eines. Maria hat den guten Teil erwählt, der wird ihr nicht genommen werden» (Lk 10,38–42).

[1] Zu den verschiedenen Bewässerungsarten siehe oben S. 58f.

[2] Auf Geheiß ihres Provinzials weilte Teresa von Januar bis Juni 1562 im Palast der Doña Luisa de la Cerda, um sie wegen des Todes ihres Mannes zu trösten.

[3] Sie meint sich selbst.

[4] Psalm 41,4: Ubi est Deus tuus – Wo ist dein Gott?

[5] Teresa meint hier ihre irrige Meinung, die sie später oft beweint und bedauert hat, die Verehrung der Menschheit Christi sei ein Hindernis auf dem Weg zur mystischen Vereinigung (V 22; 6 M 7).

[6] Die Dominikanerpatres Pedro Ibánez und García de Toledo.

Gotteserfahrung und Weg in die Welt

Die Reihe versucht, für die Menschen des Hier und Heute den
Reichtum christlicher Mystik aus allen Jahrhunderten neu ins
Licht zu heben und für das Leben des Glaubens
fruchtbar zu machen.

Aurelius Augustinus
Herausgegeben, eingeleitet und übersetzt von Ladislaus Boros

Caterina von Siena
Herausgegeben, eingeleitet und übersetzt von Louise Gnädinger

Geert Groote,
Thomas von Kempen und die Devotio moderna
Herausgegeben und eingeleitet von Norbert Janowski

Hildegard von Bingen
Ausgewählt und eingeleitet von Heinrich Schipperges

Ignatius von Loyola
Herausgegeben von Josef Stierli

Johannes vom Kreuz
Herausgegeben, eingeleitet und übersetzt von Johannes Boldt

Meister Eckhart
Herausgegeben, eingeleitet und zum Teil übersetzt
von Dietmar Mieth

Teresa von Avila
Herausgegeben, eingeleitet und übersetzt von Ulrich Dobhan

Alle Bände in Leinen gebunden

Walter-Verlag